中医大家与中医著作

徐 潜 / 主编

吉林文史出版社

图书在版编目（CIP）数据

中医大家与中医著作 / 徐潜主编 . —长春：吉林文
史出版社，2013.4（2023.7 重印）
ISBN 978-7-5472-1557-9

Ⅰ.①中… Ⅱ.①徐… Ⅲ.①中医学-医学家-
生平事迹-中国 ②中国医药学-著作-介绍 Ⅳ.
①K826.2 ②R22

中国版本图书馆 CIP 数据核字（2013）第 079811 号

中医大家与中医著作
ZHONGYI DAJIA YU ZHONGYI ZHUZUO

主　　编　徐　潜
副 主 编　张　克　崔博华
责任编辑　张雅婷
装帧设计　映象视觉
出版发行　吉林文史出版社有限责任公司
地　　址　长春市福祉大路 5788 号
印　　刷　三河市燕春印务有限公司
版　　次　2013 年 4 月第 1 版
印　　次　2023 年 7 月第 4 次印刷
开　　本　720mm×1000mm　1/16
印　　张　13
字　　数　250 千
书　　号　ISBN 978-7-5472-1557-9
定　　价　45.00 元

序　言

　　民族的复兴离不开文化的繁荣,文化的繁荣离不开对既有文化传统的继承和普及。这套《中国文化知识文库》就是基于对中国文化传统的继承和普及而策划的。我们想通过这套图书把具有悠久历史和灿烂辉煌的中国文化展示出来,让具有初中以上文化水平的读者能够全面深入地了解中国的历史和文化,为我们今天振兴民族文化,创新当代文明树立自信心和责任感。

　　其实,中国文化与世界其他各民族的文化一样,都是一个庞大而复杂的"综合体",是一种长期积淀的文明结晶。就像手心和手背一样,我们今天想要的和不想要的都交融在一起。我们想通过这套书,把那些文化中的闪光点凸现出来,为今天的社会主义精神文明建设提供有价值的营养。做好对传统文化的扬弃是每一个发展中的民族首先要正视的一个课题,我们希望这套文库能在这方面有所作为。

　　在这套以知识点为话题的图书中,我们力争做到图文并茂,介绍全面,语言通俗,雅俗共赏。让它可读、可赏、可藏、可赠。吉林文史出版社做书的准则是"使人崇高,使人聪明",这也是我们做这套书所遵循的。做得不足之处,也请读者批评指正。

编　者

2012 年 12 月

目 录

中医外科与华佗

　　人们为了赞扬医生的医术高明，常常会用"华佗在世"来形容。我国古代名医华佗，他神奇的医术和传奇的一生，在民间广为流传。华佗继承了秦汉以来的宝贵医学遗产，在其基础上又有发展和创新，积累了丰富的经验，对内科、妇科、小儿科、针灸科都很精通，而尤以外科最负盛名。他的名字成了中医药卓越成就的象征，他的发明为世界医学的发展作出了巨大的贡献。

一、初识华佗

（一）华佗生平

华佗，字元化，又名旉，沛国谯(今安徽省亳县)人，杰出的医学家、药物学家，《后汉书》和《三国志》均为他专门立传。关于华佗的生卒年代，因史书中未作明确交代，故一直存有争议。据推测，华佗大约生于公元2世纪初，死于建安十三年(公元208年)以前。据《后汉书》所载，华佗"年且百岁，而貌有壮容，时人以为仙。"意思是说：华佗的年龄虽然已经将近一百岁了，可外表看上去还像青壮年的容貌，人们都拿他当神仙看待，可见他是活了90多岁的。华佗最后惨遭曹操杀害，但究竟被害于哪一年，史书上没有明确记载。《三国志·华佗传》中说："及后爱子仓舒病因，太祖叹曰：吾悔杀华佗，令此儿强死也。"说明华佗是死在曹操的殇子仓舒以前的。那么仓舒又死于哪年呢？仓舒就是曹冲，曾因年少聪慧，想出用船称大象的办法而为人们所知。据《三国志·卷二十·邓哀王冲传》记载："邓哀王冲，字仓舒，少聪察歧疑……年十三，建安十三年疾病，太祖亲为请命，及亡，甚哀。"这就是说，仓舒于建安十三年(公元208年)病逝，由此可以断定，华佗死于建安十三年即公元208年以前。再根据"年且百岁"的说法推算，华佗大约生于公元2世纪初期。

华佗生活的时代，是东汉末年三国初期。那时，中华大地上群雄割据、烽烟四起，战争连年不断。加上水旱成灾、疫病流行，人民生活在水深火热之中。

耳闻目睹这一切，华佗内心深感痛苦。他痛恨作恶多端的封建豪强，十分同情受压迫受剥削的劳动人民。为此，他不愿做官，宁愿举着金箍铃，四处奔波，只希望自己能以微薄之力，为百姓解脱疾苦。

华佗在贫寒的环境中长大，从小博览群书，精通各种经史子集，并立志学医。他发奋读书，刻苦钻研，熟读各种医书，从民间吸取各种宝贵经验，勇于探索，敢于创新，对各种疾病的治疗和预防都有独到而精辟的见解。

华佗继承了秦汉以来的宝贵医学遗产，在其基础上又有发展和创新，积累了丰富的经验，对内科、妇科、小儿科、针灸科都很精通，而尤以外科最负盛名。

据考证，在汉朝以前，就有人发现了某些具有麻醉性能的药品，但是都被统治阶级用来残杀人民。华佗懂得这类药品的性能，就利用它的麻醉作用，除去它的毒性，将其运用到医药上来，发明了一种称为"麻沸散"的麻醉药。并采用以酒服用"麻沸散"的方法，达到全身麻醉的目的。他所使用的"麻沸散"是世界上最早的麻醉剂。在手术前让病人服下"麻沸散"，不久病人便会昏睡过去，不省人事了，直到手术后才会醒来，手术过程中痛苦很小。而手术之后，他在缝合的伤口处抹上一种药膏，不但不会疼痛，而且四五天就能好转，一月之内伤口便能愈合，医术十分高明。由于发明和掌握了麻醉术，外科手术的技术和疗效就有了很大的提高，手术治疗的范围也有所扩大。据《后汉书》记载，华佗不但可以做阑尾炎手术，而且已经能做肿瘤切除和胃、肠缝合一类的手术，甚至开胸、开脑手术，且效果良好。当华佗成功地应用"麻沸散"使病人全身麻醉进行手术时，世界其他国家的外科麻醉术尚处于摸索阶段。华佗是全世界第一个发明麻醉药的人，他发明的"麻沸散"比西方国家使用的麻醉剂要早1600多年。这不仅是中国医药史上的一个重大成就，在世界医药史上也是一项突出的贡献。华佗被后世誉为"外科学的鼻祖"。

在医药学的其他领域中，华佗也多有建树。

他擅长于察声望色，对脉象有过专门的研究。在临床诊断方面，魏晋时期著名医家王叔和在他的《脉经》中提到华佗诊断生死的要诀，该要诀主要依据病人面目颜色和病状来判定人的生死，并据当时的医疗技术来确定疾病是否可治，特别是对危殆病人的面容、颜色和行为举止描写得很清楚，包括虚脱、发绀、神志不清、呼吸困难、浮肿等等，可见华佗观察之敏锐、诊断之准确。《后汉书》《三国志·魏书》中记载的许多病例也证明了华佗诊断经验的丰富。

他"精于方药"，在处方上力求简便精当，配制汤剂只用几种药物，也多为常见易得之品。他心中掌握药物的分量和比例，配药时不用称量，随手抓来就十分精准。煮好药后让病人服用，同时告诉他们用药的次数、用药后的反应和服药的禁忌及注意事项等等。病人用完药后很快就会痊愈。

华佗在针灸上的造诣也十分令人钦佩。为了减轻群众对医疗费用的负担，他尽量采用针灸疗法，因为针灸具有简便、成本低、效果好的特点。不论针刺或艾灸，他总是反复斟酌，挑选最少而最有效的穴位。艾灸不过一两处，每处不过七八壮(壮是艾灸的单位，在施行艾灸时，点燃一个艾柱叫一壮)，就能把病治好。扎针也只是一两处，只要病人表明针感已经到达指定的部位，便随手拔针，病疼很快消除。华佗创用了沿脊柱两侧的穴位，后世称为"华佗夹脊穴"，至今还在临床中应用着，并且疗效很好。

华佗在预防理论上也有所建树，提出通过体育锻炼来增强体质、预防疾病。可以说华佗是医疗体操的创始人。他反对当时流行的服用丹药以求"长生不老"的说法，明确指出只有经常运动才是健康长寿的办法。他模仿虎、鹿、熊、猿、鸟五种动物的行动姿态，编制了一套名为"五禽戏"的保健体操。对头、身、腰、背、四肢都可以进行全面锻炼。持之以恒，可以养身除病。"五禽戏"是有史料记载的我国最早的成套的保健运动，是现代各种健身操之先驱，也奠定了中华民族体育健身的先河。

在治疗急症病人时，他已发现体外挤压心脏法及口对口人工呼吸法，也就是我们现在所说的心肺复苏。

华佗还十分注意医药技术的传授。华佗一生弟子众多。所传弟子中有三人最为知名；广陵吴普、彭城樊阿、长安李当之。吴普、李当之均精于本草，分别著有《吴普本草》《李当之本草经》。樊阿善于针灸，且精于深刺，非但未造成意外事故，还收到了更佳的疗效。他们在不同的领域为医药学的发展做出了贡献，而华佗的教诲是功不可没的。

华佗不仅有高明的医术，而且还很重视品德修养，更有不慕名利的医德。当时，沛国(今江苏北部的沛县一带)相陈珪曾经几次推荐他做孝廉，朝廷太尉黄琬也曾征聘他到京里做官，都被他拒绝了。他宁愿背着药箱，为解除人民的疾苦而到处奔波，也不愿意为官府效劳。他一生行医的足迹，遍及当时的徐州、豫州、青州、兖州各地。

根据他医案中所及地名查考，大抵是以彭城（今江苏徐州）为中心，东起甘陵(今山东临清)、盐渎(今江苏盐城)，西到朝歌(今河南淇县)，南抵广陵(今江苏扬州)，西南直至谯县(今安徽亳县)，即今江苏、山东、河南、安徽等省广大地区，方圆达数百平方公里。在行医的同时，为了采药他还先后到过朝歌、沛国、丰县(今江苏丰县)、彭城卧牛山、鲁南山区和微山湖。由于行踪地域广阔，又深入民间，广受人民的热爱和尊崇，华佗成为了我国历史上民间传说众多的医家。到现在，江苏徐州还有华佗的纪念墓，可见人们对他的怀念之深。

华佗生前的行医实践经验十分丰富，据史书记载他曾经认真整理出一部医学著作——《青囊经》三卷，可惜他这部总结行医经验的医学著作没有保留下来，仅仅在《三国志》注里保存着有关他治病的部分病例。华佗的著作还有《观形察色并三部脉经》一卷、《枕中灸刺经》一卷、《华佗方》十卷、《华佗内事》五卷，均已散失。旧题华佗撰写的《中藏经》，一般认为是六朝人所撰，其中可能包括部分当时尚残存的华佗著作。此外，目前尚传世的《华佗神医秘传》《华佗先生内照图》《内照法》等，则都是后世托名之作。这些宝贵的医学典籍没有保存并流传下来，是我国乃至世界医学史上的重大损失。

中医外科与华佗

(二) "华佗"名字的来历

华佗发明了"麻沸散"，以其神奇的医术治愈了无数患者，被人们称为"神医"。可是有谁会知道"华佗"其实不是他的本名。据历史学家考证，他的真名是华旉，字元化。

"华佗"一词，出自印度的梵语"阿伽佗"的译音，是药神之意。华佗生时，印度佛教已传入我国，由于华佗姓华，且医术高明，因此民间便将他尊为具有印度神话色彩的"药神"，而称之为"华佗"，并一直沿用下来，他的本名"旉"反倒不为人所知了。

二、华佗拜师

华佗的一生取得了辉煌的成就，这与他从小刻苦学习、认真钻研、敢于尝试、努力创新是分不开的。

（一）少年拜师

华佗从小就爱好医学，喜欢翻看各种医药典籍，经常研究一些连大人们都弄不明白的医学问题。

东汉末年，7 岁的华佗听说一位姓蔡的医生十分厉害，于是决定去拜师学艺。

来到蔡医生家中，行过见面礼后，华佗就规规矩矩地站在一边听候吩咐。

蔡医生的医术高明，医德又好，前来拜师的人很多，所以蔡医生决定先考考他们，选一些聪明、有悟性的孩子为徒。

他把前来学医的孩子们叫到面前，指着家门口的一棵桑树，说：

"谁能把最高枝条上的桑叶采下来?"

"用梯子"。

"可我家没梯子。"

"那我就爬上去采。"

"上面的树枝太细，会掉下来的。"

几个孩子争着回答，可是蔡医生对他们的答案都不满意。

华佗站在那里一直没吭声，他想了想说："我来试试!"便去找了根长绳子，在绳子的一端系上一块小石头，来到树下，使劲往最高的枝条上一抛。

绳子挂住了枝头，华佗稍一用力，就把最上面的枝头拉了下来，一伸手就把桑叶采下来了。

中医大家与中医著作

始终站在一旁观看的蔡医生，高兴地点点头，说："很好！很好！"

蔡医生正要转身进屋，一回头正好看到院子那边有两只山羊在打架，头顶头、角对角，斗得难解难分。

蔡医生对大家说："谁能想个办法让它们别打架了？"

孩子们一拥而上，推的推，拉的拉，可怎么也分不开。

华佗并没有直接走向山羊，而是拔了一把鲜嫩嫩、绿油油的野草。

只见华佗来到山羊面前，嘴里叫着"咩——咩——咩"，同时把手中的草送到它们的嘴边。这时，斗得又累又饿的山羊见了绿油油的鲜草，自然是顾不得打架了，扭过头吃起草来。

小伙伴们对眼前这个陌生的同龄人投来了敬佩的目光。站在远处的蔡医生也连连点头，笑盈盈地说："孺子可教，孺子可教也。"

就这样，华佗凭借自己的聪明机智赢得了蔡医生的认可，顺利成为其弟子。

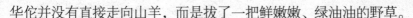

（二）勤学苦练

自从被蔡医生收下之后，华佗便在这里当起了学徒。最初三年，扫地打杂，采草药，华佗干的勤快卖力。三年后被派去学习抓药，可铺子里只有一杆秤，师兄们欺他年纪小，霸着秤不让他用。华佗想：若把这事告诉师傅，责怪起师兄，必然会闹得师兄弟之间不和，但不说又怎么学抓药呢？俗话说："天下无难事，只怕有心人。"他把师兄们称过的每样药都用手掂一掂，心里默默记着分量，晚上没人时再用秤对证自己手抓的分量，天长日久，手抓竟与秤称的分毫不差。师傅发现后，非常欣赏，便提前教他开药、治病。

一天，李寡妇的儿子下河洗澡，被淹得昏死过去，哭着请蔡医生救孩子一命。只见孩子双眼紧闭，肚子胀得鼓鼓的。蔡医生看后认为没救了，李寡妇便哭得死去活来不肯离开。华佗过来看了看，认为还可以治，蔡医生便让他试试。华佗把孩子伏在牛背上，压出喝进肚子里的水，再让孩子平躺，提起双手，在

中医外科与华佗

胸口慢慢一起一落的按压，大约一刻钟的工夫，孩子逐渐有了气息。蔡医生见华佗超过自己，高兴地说："青出于蓝而胜于蓝，华佗，你可以出师了。"

从此以后，华佗便开始了游学生涯，四处寻访名医，继续探求医理。

（三）学有所成

这年，华佗的母亲病故了，这让他更加坚定了治病救人、普济众生的决心。只要是哪里有医术精湛的大夫，华佗就一定去拜师学艺。听说西山有座琼林寺，寺里有位治化道人，精通医术，治病如神，华佗决心前往拜师求学。他只准备了简单的行装，带着乡亲们送的干粮，告别故土上路了。

他一连走了半个多月，脚磨破了，干粮吃完了，可是还没有看到西山的影子。顽强的求学意志支持着华佗继续走下去，饿了吃野果，渴了喝山泉，终于来到了西山脚下。远远望去，在山顶茂密树林的掩映下坐落着一座寺院，待走到近前，门上的金匾写着"琼林寺"三个大字，这让华佗顿时来了精神，和门口的道童说明了来意后，被引领着拜见道长。

只见这位道长须发全白、身体壮实、精神矍铄，他便是治化道人。华佗上前磕头："师傅在上请受弟子一拜！"

治化道人把华佗上下打量了一番，问："你是来做什么的？"

"弟子是慕名来拜师学医的！"

"你是真心想学吗？"

"真心！"

"那就先住下吧，干几年杂活儿再说。"就这样，华佗留了下来。

治化道人安排华佗和患者们住在一起，屋里摆满了床，床上躺着的病人，有出血的、有流脓的、有长疮的、有缺胳膊断腿的，他就做一些给这些病人烧水、送茶、涮尿盆、洗疮布等杂事。不管春夏秋冬、白天黑夜他都尽心尽力地照顾着这些病人，一天都没有离开过。华佗还很用心地记下每一位患者的饮食、用药，甚至是排便情况。一晃三年过去了，他积累下了很多的病例资料，还体会到了不少师傅治病的要领。

治化道人见华佗能吃苦、肯用功，准备进一步培养他。

一天，治化道人领华佗来到后殿，这里真是另外一个世界，四周摆满了书橱、药橱，墙上挂满了挂图，地上还有制药用的炉灶。

治化道人对华佗说："你在病房的三年见识了不少病症，可要医好病，单靠这些是不够的，还得多读些医书药典，你就在这里再学三年吧。"

华佗进入后殿，和在病房一样勤奋。他白天读药典、练习熬药，夜里读医书、钻研医理，天天如此，从不懈怠。寒来暑往，一晃又是三年。

一天夜里，华佗正在读书，一个道童冲进来说："师傅病倒了，快去看看吧！"

华佗急忙撂下书本，抬腿就跑。来到师傅床前，只见师傅两眼紧闭，手脚僵硬。华佗上前仔细查看了师傅的病情，对众师兄弟说："不要紧，师傅没有病，等等会好的。"众人不信，同华佗争执起来，正在这时，治化道人突然翻身坐起，说："华佗说得对，我没病。我的病是装的，就是想试试你们的本事。"众人羞愧无言。

华佗回到后殿，准备继续读书。一进屋子，大吃一惊：刚才摊在桌上没来得及收拾的几本书，已被碰倒的蜡烛烧成了灰烬。华佗悔恨极了，这要怎么向师傅交代啊！华佗急中生智，想这些书自己都能背得出，不如默写一份，还可以弥补一些过失。因为怕被别人知道，就每天在夜深人静时偷偷地默写，夜以继日，只用了一个月的功夫，就把几本书默写完了。华佗正准备把默写好的书装回原处，师傅来了。

"不用装了，原书在此。"

原来师傅是想检验他书读得如何，便用偷梁换柱之计，烧了三本假书。见华佗一字不错地把书默写出来，十分高兴。

"华佗，你学艺六年来，几次考试都很令我满意，现在可以下山为百姓治病了。"

华佗拜别师傅，踏上了独立行医的道路。

中医外科与华佗

三、华佗与针灸

华佗的针灸术造诣很深，其在针灸治病上的建树，也为后人所称颂。华佗针灸医术的特点是取穴少，但疗效高。现代中医临床应用的"华佗夹脊穴"就是华佗根据临床经验首创并使用的。

（一）华佗夹脊穴

华佗对针灸很有研究，据《三国志》记载：他针灸用穴少、疗效高。"若当灸，不过一两处，每处不过七八壮，病亦应除。若当针。亦不过一两处。"并且会提前告诉患者将会出现什么样的感觉和感觉的传导方向，当患者告诉华佗，针感已经传到了华佗认为应该到达的地方后，随即起针，患者的病就好了。

一次，一个老太太来请华佗治牙痛，华佗仔细询问了病情并察看了她的口腔，只见牙龈红肿，知道是风火牙痛（炎症）。他在病人双手的拇指与食指间的合谷穴各扎了一针，病人皱了一下眉头说："有点儿胀，有点酸痛，还有点儿麻。"华佗见产生针感了(在针灸学上叫做"得气")，就将针转了几下，问病人有什么感觉，回答说："酸麻得厉害，直往肘窝上窜。"华佗又将针上下提插地捻转了几下，病人说："连肩胛骨也酸胀起来了！"华佗迅速将针拔出，再问病人有什么感觉。老太太叩叩牙齿，高兴地说："啊呦，牙不疼了，不疼了！华大夫，您这可真是神针啊！"

有一个腹痛的病人，刚才还在哭爹喊娘地叫疼，华佗只给他在两腿膝盖下方的足三里穴等处扎了几针，病人很快就平静了下来。

又有个小伙子扭伤了腿，肿痛异常，不能行走。华佗一面给他扎针，一面点燃艾柱在几个穴位和疼痛的地方熏了一番，病人顿时觉得疼痛减轻了许多，以后连续治疗了几次就全好了。

华佗在传统针法和灸法的基础上进行了创新。

有一次，督邮徐毅请华佗看病，说是昨天请医官刘租给扎了针，可扎针以后，病不但不见好，反而咳嗽起来，而且越来越重，已经不能平卧了。华佗给徐毅详细地做了检查，发现徐毅是被扎伤了肺脏，没法救了。徐毅果然很快就死了。现在看来，徐毅可能是被扎伤了胸膜，空气进入胸腔，压迫了心和肺。这种情况被现代医学称为"人工气胸"，靠当时的医疗技术是很难救治的。而造成事故的原

因，是刘租按古人的取穴方法来进行针刺治疗。按照古法，脊柱两旁一系列穴位称为"夹脊穴"，距离脊柱正中线旁开一寸半，穴位下方正是肺脏所在，在针刺过程中只要稍有偏差便很容易伤及肺脏。华佗结合自己的治疗经验，认为应当改为距离脊柱正中线旁开半寸来取穴。这种方法明不但操作安全，而且提高了疗效，从此以后这一系列穴位被命名为"华佗夹脊穴"，并且一直沿用至今。

华佗的学生樊阿继承了他的针灸技术，而且善用深刺。他针刺背部"华佗夹脊穴"时可刺入一二寸，针刺腹部穴位甚至达到五六寸，打破了当时胸背部的穴位不可以随便针刺，即使针刺也不能超过三四分的说法，并且提高了治疗效果。可以说是对华佗针灸经验的进一步发展。

有位客人来拜见华佗。华佗让徒弟吴普出来迎接。吴普来到门外，向客人道：

"师父说，请你自己进来。"

客人听了，心里很奇怪，华佗一向热情好客，以前来访时，他总是迎到门外，今天却让我自己进来，不知是何缘故？

客人走进客厅，不见华佗，便问："人在何处？"

"请进！"华佗在内室答道。

客人推开内室的门，只见华佗光着身子，躺在炕上，浑身上下扎满了许许多多大大小小的银针，自己还不时用手搓来捻去、上提下插。客人见了一惊，问：

"你……在干什么……"

"哈哈哈……"华佗见状笑了起来，说："快进来，快进来坐，我马上就起来了。"说罢，把身上大大小小的银针拔了下来。客人走近他，不解地问：

"你这是在干什么呀?"

"扎针呀!"华佗若无其事地回答。

"怎么,你病了?"

"不,不,这是给病人治病。"

客人听了,更加不解,又问道:

"你给别人治病,可这针怎么扎在你自己身上啊?"

"不扎自己,怎么能知道穴位是不是找得准!针感是不是传导到位啊!不拿自己练熟了咋能乱扎别人呢!"

"可是,自己扎自己的肉,不疼吗?"

"哪能不疼呢,可是要想治好患者的病,首先就是要熟练地掌握技术,只有技术纯熟了才能更好、更快地帮他们治好病,比起病人的痛苦,我这点痛又算得了什么啊!"

客人听了,频频点头,赞叹不已:"医者仁心啊!百姓有你这样的好医生!幸事也!"

(二)穿心针法

有位年轻的壮汉得了"心气病"(即胃病),经常喊心口疼。他病了好多年,四处求医吃药也不见效,医生想用针灸给他治疗又不敢下针。因为医生有:"针筋不针心"的禁忌,心是人身上最重要的脏器,如果扎针失误,病人就可能有生命危险,一般的医生都不愿意轻易冒这个险。

有一天,这汉子的心气病又发作了,疼得他大喊大叫,满地打滚。请了很多医生来看,都说病人得的这病,非得扎针不可。但是,又没有一个医生敢下针。

这时,华佗来了,说:"能针。"他让病人平躺,按好穴位,用布蒙上病人的眼睛,叫病人不要乱动,连声大喊"下针了",造成病人极度紧张。一会儿,当病人的紧张情绪稍稍有所缓和,华佗趁病人不备,猛然把凉水往病人胸口一喷,病人突然一惊,与此同时,华佗已经把针刺入了病人的心窝。稍事停顿,只见他把针左右转

中医大家与中医著作

动，上下提插，在一旁的医生们吓得直揎眼睛。病人的心当时就不疼了。

众医生问华佗："这是什么针法?"

"这叫'穿心针法'。病人得的这个病用此针法最为合适，先在病人胸口喷一口冷水，使病人的心猛然间收紧，同时下针，针要刺在胸腹之间的膈膜里。一定要快、要准，稍有差池，针扎到病人的心上，人立刻就会被刺死。"华佗把针法详细而又毫无保留地告诉了众医生。

众医生听了他的话，都十分钦佩。

华佗告诉大家说："这种针法是我从实践中摸索出来的，并没有什么精妙的医术。只要胆大、心细、眼准、手快，就行了。"据说，由于得到了华佗的真诚传授，后来很多医生都学会了"穿心针法"，并用这种针法治好了很多得"心气病"的人。

中医外科与华佗

13

四、华佗与麻沸散

早在公元前 4 世纪,中国古籍中就已经有了使用麻醉药的记载。华佗总结了前人的经验,发明了最早的麻醉药——"麻沸散"(《后汉书》《三国志》等史书均有记载),首创了用酒服用"麻沸散"的全身麻醉术,并成功地运用到外科手术中。他发明的"麻沸散"对后世影响颇大,这在中国医药学史上是空前的,在世界麻醉史和外科手术史上也占有重要地位。

"麻沸散"这种全身麻醉术也流传于朝鲜、日本、摩洛哥等世界多个国家。据西欧的《世界药学史》编者鲁化说:"阿拉伯医学家用一种吸入的麻醉剂,恐从中国学来。被称为中国希波克拉底(古希腊的著名医学家)的华佗,很精通此种技术。"华佗的全身麻醉术在当时世界上是最先进的,欧洲人发明麻药,到现在还不过一百多年的历史。在这之前,用的是放血的方法。血放多了,人就晕过去了,再进行手术。这种方法非常危险,病人多半都会死亡。公元 1842 年,法国人黑克曼开始用二氧化碳来作麻药,但是这只能用来麻醉动物,不能用在人的身上。公元 1844 年,美国人柯尔顿用笑气(一氧化二氮)做麻药。公元 1847 年,英国的一位化学家发明了氧化氮、氯仿麻醉剂,但效果都不理想。直到公元 1848 年,美国人莫尔顿才开始用乙醚来做麻药,并手术成功,现在的西医还经常用乙醚来做全身麻醉。也就是说,西医用的全身麻醉药至少比华佗晚 1600 年左右。

但遗憾的是,华佗发明的"麻沸散"的原方已经失传了,这不但是我国医药学史上的重大损失,也是世界医药学史上的巨大遗憾。

(一) 创制麻沸散

"麻沸散"发明之前,华佗就能够给病人做手术,但病人常常因剧烈的疼痛,拳打脚踢,使手术无法进行,华佗只好把病人捆起来。可这样还是不

行，病人看见华佗手中的刀，就吓得大声惨叫。看到病人们痛苦的样子，华佗十分心疼，能不能有什么办法解决呢？这个问题始终困惑着华佗。

有一天，几个人抬着个受伤的汉子来看病。华佗一看，病人的腿摔断了，人已经昏迷。于是立即给他动手术。

因为病人伤得很重，华佗来不及像往常那样捆住病人，就开始了手术。起初，华佗怕病人乱动，叫护送病人来的人帮忙使劲按住病人，可没想到的是整个手术过程中病人毫无痛苦挣扎的意思，手术竟进行得十分顺利。

华佗做过不少手术，但这种情况还是第一次碰到，这是怎么回事呢？

华佗仔细观察，闻到一股酒味，原来这个人是喝醉了的。华佗心中一动：人喝醉了就会失去知觉，给他动手术，他竟一点儿感觉都没有，当然也不知疼啊！等他醒来知道疼时，手术早做完了，这真是太妙了！如果能有这样一种药，手术前让病人吃下去，病人马上烂醉如泥，再动手术，不但可以减轻病人的痛苦，还可以使手术顺利进行。

从那以后，华佗便试着使用这个办法来给病人开刀，把它叫做"沉醉法"。

可试用了一段时间，华佗觉得并不理想。小手术还可以，可要是动大手术，病人还会感觉疼。他又冥思苦想起来，但一直没能想出更好的办法。

有一次，华佗外出行医，碰到一个奇怪的病人。此人牙关紧闭，瞪着双眼，口吐白沫，手攥着拳，躺在地上一动不动。华佗上前仔细观察他的神态，切了脉象，摸摸额头的温度，一切都很正常。又问问家属病人以前是不是得过什么病？病人家属说："他身体非常好，什么病都没有，就是今天误吃了几朵臭麻子花(又名洋金花)，才变成这样的。"

华佗听了，忙说："快拿些臭麻子花拿来给我看看。"

病人家属连忙找来了一棵连花带果的臭麻子花，华佗拿过臭麻子花又是闻、又是看，还摘了一朵花放在嘴里尝了尝。顿时觉得头晕目眩、满嘴发麻。"好大的毒性啊！"

华佗找到了病因，对症下药，用清凉解毒的办法很快就把病人治好了。华佗临走时，没收诊费，只要了一把连花带果的臭麻子花。

华佗把臭麻子花带到家，高兴地对老婆说："这回我找到了能麻醉人的草药了。"

他老婆瞟了一眼说："我当你得了什么宝贝呢?原来是臭麻子花，有什么稀罕，这东西我娘家房前屋后到处都是!"

华佗说："真的吗？那太好了，你赶快到你娘家去多收些臭麻子花来，我要配麻醉药用。"

他老婆听了把嘴一撇说："天天听你念叨着配麻醉药，可从没见你成功过!"

华佗听了，笑着说："世上无难事，只怕有心人。我一定能把麻醉药配制出来。"

从那天起，华佗就开始对臭麻子花展开了实验。他先尝叶，再尝花，然后再尝根。最后发现，要数臭麻子果的麻醉效力最强。

又有一天，华佗在山上采药，见猎人抬了一只死虎下山，虎嘴里还横穿着一支长箭。华佗便问："这么大的老虎，怎么打死的啊?"猎人指着箭说："是用毒箭射死的。"华佗刚要伸手去摸箭，猎人忙上前拦住了他，说："箭头上有麻药，危险!"华佗心想：什么样的麻药能把老虎给麻死呢?为了弄清麻药的根源，华佗多次到猎人家登门请教。最后猎人终于告诉了他麻药是用曼陀罗的种子、草乌和天南星制成的。华佗听了非常高兴，又把这几味药进行了详细的研究。

华佗通过查阅大量的医药学典籍，拜访名医，收集民间偏方、验方，再结合自己的临床经验和实验研究，把有麻醉作用的药物经过无数次的反复炮制和配比，终于制成了麻醉药。他又把麻醉药和酒结合起来使用，使麻醉效果达到

最好。这就是对后世影响深远的"麻沸散"。从此以后，再也听不到患者手术时的哭闹声，更看不到为了给患者做手术而把患者捆起来的场面了。

（二）"麻沸散"名字的来历

由华佗首创的全身麻醉剂——"麻沸散"，对后世的医药界产生了重大而深远的影响，可是它的名

字是怎么来的呢？

　　这年，华佗带着妻子云卿和长子沸儿到江东一带去采集可以制作麻药的草药。不料沸儿误食一种紫红色的野果，麻醉而死。这野果正是华佗寻觅已久具有麻醉作用的草果。华佗夫妇洒泪祭子，因为孩子是为了他制造的麻药牺牲的，华佗就把用这种草果炼制的麻药取名为"麻沸散"，以纪念他们的儿子。后来，华佗又发现人醉酒时的沉睡状态，采用以酒服用"麻沸散"的方法，达到全身麻醉的目的，使"麻沸散"得到了进一步的完善。

　　由于华佗发明和掌握了全身麻醉术，不但扩大了手术治疗的范围，而且提高了外科手术的技术和疗效。华佗为了治病救人，做出了巨大的牺牲，但是能使他得到安慰的是，由于"麻沸散"的应用不但救活了成千上万的病人，也造福了后世万民。

中医外科与华佗

五、华佗与外科

华佗是我国医学史上为数不多的杰出外科医生之一，他善用麻醉、针、灸等方法，特别是擅长开胸破腹的外科手术。由于"麻沸散"的发明和应用使中医外科学有了长足的发展和进步。不但提高了诊疗效果，也扩大了治疗范围。华佗成功地完成了许多大大小小的手术，成为中国历史上第一位能够实施开腹手术的著名外科医生。

过去人们受儒家思想的影响，认为"身体发肤受之父母，不能有丝毫损坏。"要开肠破肚，哪里还能有命，所以他们宁肯等死，也不开刀。是华佗用他神奇的医术打破了这一迂腐的见解，使中医外科学得以发展进步，所以后世的医生尊华佗为"中国外科的鼻祖"。

（一）巧用毛笔治喉痛

从前，有个姓掌的大户人家，有一个独生女儿，取名掌上珠。

一日掌上珠喉咙痛，经医生诊断为"喉痛"（就是现在所说的扁桃体脓肿），需要服药治疗，可掌小姐从小娇生惯养，怎么肯喝苦药。就这样过了几天，掌上珠咽痛加剧，还发起了烧，连喝水也困难了。此时，医生告诉掌上珠

的父母，如果再不为掌小姐开刀排脓，恐怕会有生命危险。一家人被吓得慌了手脚，连苦药都不肯吃的大小姐，又怎会受开刀之苦啊！一时间都不知如何是好。

正巧华佗行医路过此地，就被掌家人请了来，详细了解了病情之后，华佗说："这病好治，不用开刀割肉，只要用毛笔沾上药液涂在喉咙上就可以治好了。"掌大小姐一听不用开刀，便欣然同意了，随后华佗取出毛笔蘸满了药液，只在她的咽喉上轻轻涂了一圈，她便开始吐出大口大口的脓血，顿时觉得胀痛减轻了不少，随后也能喝水、喝汤了。掌家人对华佗千恩万谢。

中医大家与中医著作

可是，大家都很好奇华佗是怎样用毛笔把病治好的。

原来华佗在手中的毛笔里藏了一根银针，假借涂药之机，刺破患处，达到切开排脓的目的，从而治好了掌小姐的"喉痈"。

（二）半夜治肠疾

一天，华佗外出行医回来，累得浑身疼痛、疲惫不堪，连晚饭都没吃就上床睡了。他的妻子看了心疼，对徒弟吴普说：

"你师傅太累了，今晚就让他好好睡一觉吧！有人敲门求医，就说他不在家。"

"嗯！师傅是该好好歇歇了。"吴普答应了。

这天深夜真的就有人来敲门看病，吴普应门道：

"师傅不在家，有病明天一早来看吧！"

敲门的是个女人，一听华佗不在家，便大哭起来："这可怎么办？今夜要是请不到华神医，我丈夫就没命了！呜呜呜……"

华佗被哭声惊醒，听说有病人，马上爬起来。妻子连忙拉着他说：

"你太累了，该好好休息休息，看病的让她明天再来吧，再说以往半夜来叫门看病的也都不是什么急症啊！"

"胡说！"华佗边穿衣服边说，"事情有急有缓，病情有轻有重，看病是救命，救命就是救火，慢一步是要耽误人家性命的！再说，没看到病人，你怎么知道这次来的不是急症！快开门，让病人进来。"一边说着，一边迎了出去。

开了门，病人被抬进家来。

病人的妻子一见到华佗，跪在地上就叩头，求华佗救救自己的丈夫。

华佗把她扶起来，让她不要担心，便上前去看病人。这一看猛然吃了一惊，来人得的是"阳肠疾"(就是现在说的肠梗阻)，肠子已经溃烂，针灸已经没有用了，必须立刻开刀把溃烂的肠子截掉。事不宜迟，让病人服下"麻沸散"后，华佗师徒马上开始了手术。由于治疗及时，病人很快转危为安了。手术后，华佗对吴普说：

"要是再迟一顿饭的工夫，这病人就没救了，多危险啊！刚才你为什么要说假话呢？"

"师傅，我……"

"今后不要再说谎了。"华佗说："医生对病人说谎，是会害死人的。"

又转过头对妻子说："我知道你是心疼我，想让我多休息，可是作为一个医生，只想到自己的得失，不为病人着想，那是医生的良心所不允许的啊。"

华佗的妻子红着脸点头答应着。经过了这一次，她更加理解，也更加支持华佗了。

（三）刮骨疗毒

历史上流传的华佗治病救人的事情很多，其中最著名的要算是《三国演义》第七十五回中华佗为关云长"刮骨疗毒"的故事了。

三国时期，魏蜀吴恶战连连。蜀国大将关羽在樊城攻打魏国曹仁军队时，右臂中了毒箭，伤口渐渐肿大，十分疼痛，不能动弹。军医们束手无策，不知如何处理。众将官请关羽班师回荆州调治，关羽不允，说："我不能因为受了一点小伤，而误了军国大事。"众人只好四方访寻名医，可伤势始终不见好转。

正在生死攸关之时，华佗出现在军营中。

"先生四处行医救人，今日怎有空来我帐中？"关羽迎到帐外，很是惊喜。

"佗久仰君侯乃是忠义之人，今闻听君侯受伤，特赶来医治。"华佗表明了来意。

"劳先生费心。"关羽将华佗请入帐中。

华佗为关羽详细地检查了伤势之后，说："君侯的手臂若再不加以诊治，恐怕就要废掉了！箭毒已入骨，现在唯有剖开皮肉，刮骨疗毒方能治愈。"

"那就劳烦先生动手吧！"

"君侯可受得了疼痛？"

"我乃久经沙场、出生入死的军人，千军万马尚且不怕，疼痛能奈我何！"关羽笑着说。

"那好！先请君侯命人在院中立一根柱子，

上栓铁环，把您的右臂伸进铁环中，紧紧缚于柱子上，再把您的眼睛蒙上，佗方可动手。"

"这又是为了什么？"关羽不解。

"刮骨疗毒之时，场面甚是恐怖，恐君侯看到后难以自持，故出此策。"华佗说出了他的担心。

"哈哈哈"关羽捋着胡子大笑，"先生远道而来，请先用些酒菜！"

华佗以为关羽自会命人安排，就坐下来吃饭了，关羽陪华佗吃了一会儿，让人备好了棋盘和酒，又找来了马良与自己对弈，把右臂伸给华佗，说："请先生动手吧，我照样下棋吃酒，还请您不要见怪！"

华佗见此情景也不再多说什么，在关羽的胳膊下面放了个空盆，开始了手术，他抽出消过毒的尖刀，割开关羽胳膊的皮肉，露出了骨头，只见骨头已变成青色。他用刀"悉悉"地刮着骨头上的箭毒，血流了满满一盆，在场的将士和军医都吓得掩面失色，唯独关羽仍继续下棋喝酒，像是没这回事。待箭毒刮净后，华佗将伤口缝合复原，敷上药，包扎好，告诉关羽手术已经结束了。

关羽站起身来，伸了几下胳膊，转身对华伦说："此臂伸舒如故，并无疼痛，先生真神医也！"

华佗收拾好自己的东西，说："自我行医以来，从未见过像您这样了不起的人，君侯实乃神人啊！"

关羽要重赏华佗，被华佗婉言谢绝了，留下了一帖药，拜别了关羽，继续行医去了。

华佗超群的医术和关羽非凡的勇气被人们称颂，"刮骨疗毒"的故事更是尽人皆知，流传至今。

中医外科与华佗

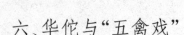

六、华佗与"五禽戏"

华佗是中国古代医疗体育的创始人之一。

华佗不但重视治病,对养生和预防保健也很注重。华佗对前人的"气功""导引"等锻炼方法进行了详细的研究,结合自己的理解和实践,创编了一套医疗保健体操,取名"五禽戏",就是模仿虎、鹿、猿、猴、鸟的动作姿态,使全身关节和肌肉都得到舒展。经常锻炼可以疏通血脉、防病祛病,即使只练习其中一种动作,也会使人稍稍出汗、消除风寒、增加食欲。据传说,华佗在许昌时经常指导许多体弱的人做"五禽戏",效果很好,很受群众欢迎。

华佗的"五禽戏"继承和发扬了我国古代"圣人不治已病,治未病"(意思是说,聪明的医生不注重治疗已得的病,而注重治疗未发生的病,即注意预防疾病)的重视预防的传统思想。他认为只有运动才能达到预防疾病的目的。还经常用"户枢不蠹,流水不腐"这两句话来说明人要经常运动、锻炼身体的道理。意思是说:门轴经常转动,所以不会被虫蛀;水不停地流动,所以不会腐败。人体也必须经常活动,才能使血脉流通,不易生病。他的学生吴普按照这个方法坚持锻炼,活到九十多岁,耳不聋、眼不花、牙齿完整、身体结实。

(一) 创编五禽戏

华佗为了采药或出诊,经常要经过深山老林,也常常会看到各种动物,他常常感叹,人是万物之灵,可是却不能像动物那样健壮、敏捷,还会经常得病,我们能不能从动物身上学到些什么呢?

一天,他在研读我国古代经典医学著作《内经》时,被一句话触动了:

"圣人不治已病治未病,不治已乱治未乱。"

如何能治在"未病"之前呢?平日的饮食起居要有良好的习惯是很重要的一个方面,许多病都与饮食

中医大家与中医著作

或休息不正常有关。但另一方面，还要注意适当的运动。

他的眼前又浮现出了咆哮疾驰的老虎、轻盈跳动的野鹿、敏捷灵巧的猿猴、行动稳重的黑熊以及自由飞翔的小鸟。人如果能把这几种动物的长处学来，勤加锻炼，肯定能强身壮体，延年益寿。

从那以后，华佗更加留意观察这些动物，仔细琢磨分析它们每一个动作的要领。可是虎、熊都是凶猛的野兽，平时人们根本无法接近。华佗总是千方百计地找机会观察。

有一次，在华佗采药回来的路上，忽然看到一只老虎在小溪旁喝水。这只老虎大概刚饱餐了一顿，在水中嬉戏起来。华佗看它左扑右扑的样子十分矫健，也学着它的样子动作起来。正在兴起时，他的药篓从肩膀上滑下来，"哗啦"一声，华佗立刻蹲在地上一动也不敢动了。那只老虎听见响动，警觉地向四周望着。华佗心想："这下完了，要是被老虎发现，可就……"

没想到，那只老虎张望了一会儿，见没有什么异常，就漫不经心地转过身，越过小溪，钻进了树林。

华佗擦去额头上的冷汗，长长地吁了一口气。回到村里，大家听说了他的奇遇，都为他庆幸，说他是捡回了一条命。假如那天遇到的是只饥虎，他早就没命了。学生们都劝老师以后再也不要单独到山林中，更不要去看什么虎熊了。

可是，华佗的心愿还没有完成，依旧一有时间就往山里跑。学生们不放心，只好派人跟着他。

华佗有徒弟陪伴，少了许多寂寞，或讲经论典，或谈临床经验，但只要他发现了自己的目标时，就会全神贯注地观看，再不言语了。

一天，华佗看到一只云雀在空中盘旋，便驻足观察起它的动作。这只云雀在蓝天白云苍松翠柏中展翅飞翔，显得是那么轻盈、自在。华佗完全被它轻盈、流畅的动作所吸引，只顾呆呆地看着它，跟着他的樊阿看老师入神的样子有些好笑，他不明白一只鸟怎么能这么吸引老师。看看四周一片安静，不像能有什么猛兽出现，便悄悄到旁边采药去了。

"啊！"

中医外科与华佗

忽然，老师那边传来一声惨叫。樊阿心中一紧，拔腿便往回跑。到跟前一看，只见老师面色苍白，坐在地上，一只手紧紧地捂着右腿肚子，鲜血从他的指缝中流了出来。

樊阿一看，失声道：

"蛇？"

"七步蛇。"

樊阿顾不得多想，蹲下来用双手按在老师的腿上，就用嘴往外吸，直到血色变得鲜红，才停下来。他把老师暂时安顿好，又转身去找药，华佗以前提到过有一种草药最能治蛇毒。

樊阿给老师敷完药已是满头大汗。他对自己的大意深深自责，却又止不住好奇，问老师最近为什么对这些鸟兽产生了兴趣。

华佗微微一笑，告诉他，等几天就会明白了。弄得樊阿一头雾水。

过了几天，华佗叫来几个弟子，笑呵呵地说：

"我给你们看点儿新鲜玩意儿，你们可得看仔细了。"说着，便动作起来。

华佗在空地上伸手抬足，扭动跳跃，动作连贯而又和谐。他问学生们：

"你们有没有看出我做的动作像什么？"

几个学生不约而同地回答：

"第一节像虎，像虎扑动前肢；第二节像鹿，像鹿伸展颈项；第三节像熊，像熊在爬行；第四节像猿，像猴子机敏纵跃；第五节像鸟，像小鸟展翅飞翔。"

吴普问道：

"老师的动作很好看，但又不是舞蹈，不知有什么用处？"

华佗一笑，说：

"这正是我要告诉你们的。你们随我学医多年，见了不少患者，一定发现那些有钱的老爷、太太个个大腹便便、白白胖胖，实际上却是外强中干、弱不禁风；而那些贫苦人又常常是弯腰驼背、骨瘦如柴。这两种情况多数是运动不

足或过度造成的。而这些人常常会觉得自己生病了。我编的这个叫'五禽戏'，就是模仿五种动物的动作之长编的一套体操。它能够疏通血脉，活动全身各个关节。练的时间久了，一定会使人祛病强身、精力充沛。"

吴普每天把老师教的"五禽戏"做一遍，果然在90岁高龄时还是鹤发童额、牙齿完整，平时更是很少得病。人们看到五禽戏的奇效，也争相学习。

距离现在一千七百多年前的华佗，能把体育锻炼和医疗结合起来，作为提高人们健康水平的一种重要方法，在今天仍然有极大的意义，他也为保护人们的健康做出了不可磨灭的贡献。

(二) 详解"五禽戏"

华佗发明的"五禽戏"是一套能使全身肌肉和关节都得到舒展的医疗体操。动作是模仿虎的扑动前肢、鹿的伸转头颈、熊的伏倒站起、猿的脚尖纵跳、鸟的展翅飞翔等。以达到增强体质、预防疾病的目的。

"禽"字在现代指的是像鸡、鸭、鹅等鸟类动物，然而在古代，"禽"除了指前面所说的鸟类动物以外，还包括像虎、鹿等兽类动物。所以华佗将此操称为"五禽戏"。

第一是模仿虎的动作，称为"虎戏"。虎是食肉类动物，勇猛力大，威武刚健。捕捉活食依仗前肢扑抓，人们常常把老虎喻作食肉猛兽的代表，所以"虎戏"意在上肢运动。

具体步骤是：上下、前后摆动、扑动两臂，同时两脚在站立时向上跳起，在趴着时向前跃起，并且与两臂摆动、扑动的动作相配合，做到整个动作协调一致，就像老虎奔跑跳跃、扑食那样迅速、敏捷，达到活动四肢、锻炼全身的目的。

第二是学鹿的姿势，称为"鹿戏"。鹿安静体松，动作舒展。它是食肉类动物的捕捉对象，因此不得不时刻伸长脖子，左右顾盼张望，以便及早发现猛兽，维护自身安全。故鹿以美颈著称，常表现为昂首挺胸环顾远方，所以"鹿戏"意在颈部运动。

具体步骤是：直立、两脚微微分开，两手臂向后交叉或自然下垂；或者正坐，上身直立，两脚叉开，两手自然向前交叉或下垂。挺伸脖颈，由前向后做顺时针或逆时针方向转动，或者由后向前做与前述同样方向的转动。就像鹿那样快速灵敏地转动脖颈，以达到活动颈椎、加速颈部和头部的血液循环，防止颈部骨质增生和血液供给不足而引发的疾病。

第三是做熊的动作，称作"熊戏"。熊步履沉稳，有力撼山岳的气势。其生性刁钻，活动复杂多变，跑滚攀爬样样都能。伏立站跑，攀爬动作牵涉到的是身体胸腹面肌群以及全身上下肢的协调运动，所以"熊戏"意在胸腹肌运动和全身协调。像熊那样喘气呼吸，还可运动胸膈内脏。

具体步骤是：两脚叉开并直立站稳，两手向前下方伸展，身体前倾，伏下，同时两手先着地并用两脚、两臂支撑全身；然后，两臂用力反弹，同时两脚前移带动下肢前曲，使整个身体站立。这样一伏一立，像熊一样伏倒站起，既锻炼四肢，又锻炼心脏，促进血液循环。

第四种动作似猿猴，称为"猿戏"。猿猴敏捷好动，纵跳自如，攀援轻盈，喜搓颜面。猿与其他动物相比，最善直立行走，所以"猿戏"意在下肢运动。

具体步骤是：直立，脚后跟抬起，脚尖着地，然后下曲，再突然向上跳起，两手同时上举或下垂不动，或自由摆动。像猿一样上下跳跃，锻炼下肢肌肉、骨骼和心脏。

第五种犹如云中之飞鹤，称为"鸟戏"。飞鸟悠然自得，轻翔轻落。鸟的展翅飞翔必定伸展躯体，所以"鸟戏"意在伸展腰背肌群。

具体步骤是：伸展两臂，或前伸、或左右平伸，或摆动、奔跑，或上跳、前跃，就像鸟儿一样展翅飞翔，达到活动全身、舒畅心情的目的。

华佗发明的上述健身操是他长期接触大自然、观察动物并在此基础上认真研究的结果，它能使全身肌肉、关节、内脏等器官都得到舒展和锻炼。是一项把医疗和体育融合在一起的最佳医疗体育健身防病运动，一直流传至今。

七、华佗与草药

华佗是集中华医药之大成者，他自幼博览各类医药典籍，同时也很重视应用民间的医疗经验，他一生游历了很多地方，到处采集草药，向群众学习医药知识。在采药的同时，还从民间搜集了不少单方、验方，加以整理和提炼之后，再用来治疗一些常见病，既简便易行，又收效神速。

（一） 华佗与茵陈

一年春天，有一个骨瘦如柴、面如黄纸、眼如杏黄的女子来请华佗看病，华佗一看便知她得的是"黄痨病"（中医又叫黄疸病，西医叫肝炎）。当时得这种病是没法治的，所以华佗对她说："你这病一时治不好，你先回去吧。"女子失望地走了。

一年后，华佗竟又碰到了这个女子，那女子的病不但痊愈了，还养得白白胖胖，华佗十分惊奇，问道："你的病是谁治好的？"

女子摇摇头说："我没请人治过。"

华佗又问："那你吃过什么药吗？"

女子还是摇头："也没吃过什么药，这饥荒年，饭都吃不饱，还得上山挖野蒿头吃，那还有钱吃药啊！"

华佗又说："能带我去看看，是什么样的野蒿头吗？"

女子把华佗带到一个山坡上，把吃的野蒿指给华佗看："就是这东西。"华佗摘了一把，又看又闻："这是黄蒿啊，原来黄蒿能治黄痨病！"

从那之后，华佗就开始用黄蒿治痨黄病，可是，有的病人吃了一个月就好了，有的吃了几个月也不见好，华佗又去找那个女子，问："你是什么时候吃的黄蒿头？"

"清明前后。"

华佗反复琢磨后，总结出了其中的道理：清明前后，大约二三月的天气，阳气上升，正是万物发蕊吐芽的时候。这时的草药力在梗茎，所以治病有效。过了三月进入初夏，万物发叶生枝，药力分散，治病的效力自然就小了。

第二年的清明，华佗按照时间让病人吃黄蒿头，一个月后病人个个皮肤转红，很快就痊愈了。过了四月，华佗再让患者吃黄蒿头，一个也没治好。

华佗这才知道自己发现了一位草药。他又花了三年多的时间对黄蒿的药效作了反复试验，发现用春三月的黄蒿治病效果最好。后来，他给黄蒿另起了个名，叫"茵陈"，又编了一首歌谣："三月茵陈四月蒿，传于后世切记牢，三月茵陈能治病，五月六月当柴烧。"

如今我们用的"茵陈"这味药，就是华佗发现的，也是他给起的名字。

（二）华佗与紫苏

现代医学研究表明，中药紫苏能起到止血、抑菌、止痒的作用，还能促进肾小球膜细胞的增殖。紫苏在临床上常用于治疗风寒感冒、腹泻、呕吐、寻常疣、子宫出血、鞘膜积液等疾病，尤其对因吃鱼蟹而中毒的患者有非常好的疗效。说到紫苏解蟹毒的功效，还和"神医"华佗有着不解之缘。

一天，华佗在海边采药。突然，他看到一只小水獭在拼命地吞食一条大鱼，吃完后，小水獭的肚子胀得鼓鼓的，躺在沙滩上动弹不得。华佗见了很高兴，因为水獭的肝是非常名贵的药材，这可是个抓住它的好机会呀！华佗正准备上前捉住水獭，冷不防从海里又钻出一只老水獭，只见它爬到小水獭旁边停了一下，又一溜烟地跑了。华佗觉得十分奇怪，于是他退了回去，想看个究竟。不

一会儿老水獭回来了，不同的是它嘴里还叼着一束方紫色的野草，他把那紫色的草放在小水獭的嘴边，小水獭就把那紫色的草吃了。片刻间，那只中毒的小水獭就恢复如常了，和老水獭一起跳进海里游走了。华佗看在眼里，记在心上。

有一天，华佗在一家客店里住宿，看到一群青年人在比赛吃螃蟹。当天夜里，吃螃蟹的几个年青人就大喊肚子疼，有的疼得在地上直打滚。当时还没有治疗蟹

中医大家与中医著作

毒的药，大家都很着急。

忽然，华佗想起那天在海边看到的老水獭用紫色草救小水獭的事。华佗想，既然那种紫色的草能解鱼毒，也一定能解蟹毒。于是他立即出去采了些那种紫色草，煎成汤药给几个青年人服下。过了一会，几个青年人的肚子果然不疼了。

华佗为了记住这种草药，就给它取了个名字叫"紫舒"，意思是：能够使中毒者腹中舒服的紫色药草。因为字音相近，又属草类，于是后人就把它称作"紫苏"，并沿用至今。

中医外科与华佗

八、华佗与曹操

说到华佗，有一个人就不得不提，这个人就是曹操。曹操（155－220年），字孟德，一名吉利，小字阿瞒，沛国谯郡（今安徽省亳州市）人，东汉末年魏国丞相，三国时政治家、军事家、文学家、诗人，曹操戎马一生，并未称帝，他病死后，其子曹丕称帝，追封曹操为魏国"武皇帝"，庙号"太祖"。

一个是治病救人的"神医"，一个是征战疆场的"枭雄"，相同的家乡，不同的身份和背景，是怎样的情形让华佗与曹操相遇？之后又发生了些什么呢？

（一）曹操考华佗

赤壁之战曹军大败，曹操回到许都，精神恍惚，就像做了一场噩梦。

想自己一世英名，毁于一旦，以后要如何面对群臣，如何面对天下，还有何脸面去统帅跟随自己南征北战的将士？虽说胜败乃兵家常事，曹操也曾屡经失败的挫折，但这次失败对他的打击毕竟是太残酷了，他没有足够的心理准备来承受这样的惨败。一想起这事就捶胸顿足，懊悔不已。然而，曹操毕竟是一个具有雄才大略的政治家。在群臣和将士们面前他又不得不装出一副不屑一顾、百折不挠的大度和尊严。

苦闷得不到发泄，谈笑风生而又不能发自肺腑，在这种心理矛盾的困惑和折磨下，曹操生病了。

一天，曹操突然感到头晕目眩，疼痛难忍，大叫一声，昏厥倒地。侍者赶紧请宫中的御医前来诊治，诊脉、开方、服药，可病情并不见明显好转。以后，为曹操治病的御医和各地的名医像走马灯一般地更换，可曹操的头疼病依然如故，不见起色。每当一疼起来，根本无法安眠或办公。时间一长，头疼病发作得越来越频繁，也越来越严重了。

对于曹操的病，众将士和亲信们焦急万分，他们

中医大家与中医著作

派人四处访问能够妙手回春的名医。有人向曹操推荐，沛国有一神医，名叫华佗，有起死回生的医术。华佗曾治愈一个头昏的患者。此患者每发作，头不能抬，目不能视，而且已经得病很多年了。华佗为他诊断后，让患者脱下衣服倒悬起来，头朝下离地一二寸，用湿布擦净身体，用绷带将身体扎上一道箍，使其脉络突出，只见诸脉呈现五色。华佗让诸弟子用小刀割破诸血脉，等五色血流尽，流出鲜血时，将病人放下，敷上药膏，服用亭历犬血散，病人马上就痊愈了。

众人听罢，连声叫绝。曹操也觉得，既然华佗的医术如此神奇，不妨召他来试试。就立刻派人去请。

而此时的华佗正在诊室中给病人治病，他的学生们都在旁边认真地看着老师的一举一动。忽然外面一阵急促的马蹄声由远而近。

马蹄声止，旋即门被粗暴地推开，两名武士闯了进来。他们扫了屋里人一眼，大声问道：

"谁是华佗？"

华佗站起来，不满地看着这两个人，回答道：

"在下就是华佗，不知军爷到此何干？"

"曹丞相病了，请华佗到府中诊治。"

一听说是曹操相"请"，华佗的心"咯噔"一下，怪不得来人气势汹汹。他沉吟了一下，说：

"我这里的病人正在治疗的关键时期，我一时不能离开，能不能请曹丞相屈驾到这儿来就诊？"

武士一听，立刻瞪起了眼睛：

"曹大人贵为丞相，再说大人公务繁忙怎能到你这穷乡僻壤来，真是笑话！"

华佗还想再努努力，争取让曹操来这儿，避免自己到曹营去。他说：

"军爷此言差矣。谯县乃曹丞相故里，怎能说是穷乡僻壤。丞相一向以仁爱之心深受百姓爱戴，若为给他治病，置百姓生命于不顾，恐怕不会是丞相本意吧？"

中医外科与华佗

两个武士被他这么一说，还真不敢那么耀武扬威了。他们小声嘀咕了几句，就匆匆离开了。

回去后，曹操一听两人的汇报，勃然大怒，他告诉手下，限华佗十日内到达洛阳。

华佗听到这个命令，知道自己是躲不过去了。他打心里不愿意到曹营去，因为他听说曹操做了许多为世人不耻的事。但是华佗又不敢得罪他，毕竟曹操是汉朝宰相啊！左思右想，没有办法，自己还是得去一趟。他只希望自己能顺利地治好曹操的病，尽快返回家乡。

华佗收拾了一些必备的衣物来到曹操的丞相府。曹操一听华佗来了，忙叫人立刻召进。

听说曹丞相请来一位"神医"，许多人都到丞相府来，一来探望病情，向曹操套近乎；二来是为一睹这闻名天下的"神医"的风采。

只见华佗鹤发童颜，银须飘逸，俨然神仙下凡一般。曹操及部下见华佗如此气度，都情不自禁地暗暗赞叹，心中肃然起敬。

华佗一看曹操，身材魁梧，面色红润，锦衣玉带，果然一派一国宰相的派头。只是他眉头紧皱，一只手扶着额头，看起来，真的病了。

两个人先寒暄了一阵，华佗便提出要给曹操看病，可曹操却说不急。

因为，曹操是个疑心很重的人，虽说把华佗请到了丞相府，但他仍不敢轻易相信华佗的医术，他想亲自考考华佗，看看华佗对中草药是否真的像传说中的那样精通。于是曹操说："早就闻听先生是'神医'，精通方药，孤有一首诗迷，可否请先生帮我解解？"

华佗一听，心想："相爷是在考我啊。既已来此，也只能随机应变了。"于是答道："相爷请讲，佗尽力就是。"

于是，曹操念道："胸中荷花，西湖秋英。晴空夜明，初入其境。长生不死，永远康宁。老娘获利，警惕家人。五除三十，假满期临。胸有大略，军师难混。接骨医生，老实忠诚。无能缺技，药店关门。其中每一句是一种中草药名，先生可否知道这16种中草药的名字？"

众人都了解曹操的脾气，为华佗捏了一把汗！这万一要是答不出……

华佗不愧为"神医"，曹操的话音刚落，随即答道："这16位中草药是：穿心莲、杭菊、满天星、生地、万年青、千年健、益母、防己、商陆、当归、远志、苦参、续断、厚朴、白术、没药。"

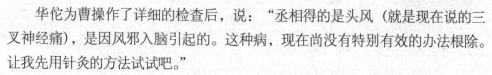

曹操听后大喜："果真是有能之辈也！还烦请先生快快诊治！"

华佗为曹操作了详细的检查后，说："丞相得的是头风（就是现在说的三叉神经痛），是因风邪入脑引起的。这种病，现在尚没有特别有效的办法根除。让我先用针灸的方法试试吧。"

然后拿出一根银针，找准穴位，扎在了曹操的头上。待拔出针来时，曹操皱着的眉头舒展了许多。他晃动了几下头，似乎想试试换个姿势看看头会不会再疼。

忽然，他大笑起来："神医果然名不虚传，一针扎下来，我的头顿感轻松了许多。先生医术超群，天下少有，今后就跟随孤左右，作弧的侍医吧。"

闻听此言，华佗脑袋一胀，暗想："我乃行医之人，怎么能不顾天下百姓，专门服侍你自己呢？"可一见曹操那不容置疑的目光，又不由得不寒而栗；曹操连当今天子都能玩弄于股掌之上，更何况自己是一介草民呢？华佗无奈只能暂且留下，待以后再见机行事。

就这样，华佗被强行留在了丞相府，做了曹操的侍医。可谁能想到这一留，竟葬送了一位绝世神医的性命和前程。

（二）洗脚治头痛

亳州民间有一传说：三国时期，曹操患头痛，只有华佗能够为其医治。但曹操的头痛与他人不同，易复发。华佗每次医治，均以针灸为主。曹操由于连年征战，操劳过度，身体较衰弱，还养成一个怪毛病，就是懒得洗脚，或五七日一洗，或十几日一浴。加之曹操多疑、怕针，常常想用别的办法来治疗头痛。

一日，曹操问华佗："是否能吃什么补药或者用别的什么办法来治孤的头痛？"

中医外科与华佗

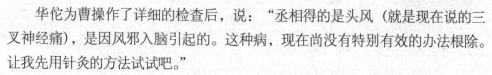

华佗回答说："有一足浴疗法可治。即每晚睡前，用温开水洗脚，此法胜吃补药。"

　　曹操愕然，问："要怎么个洗法?"

　　华佗说："洗脚有讲究，要注意四点：一是用热水，水温以不感到烫脚为度；二是水量以淹没脚脖为佳；三是洗法，以用手轻擦慢揉脚面、脚心、脚趾为好；四是洗时适当按摩足外踝后部及头顶部。相爷若能坚持每天如此，不但可治头痛，还会使耳聪目明，身强体健。"

　　曹操照办，十余日后，果真是头痛减轻，身体渐壮。

　　华佗提倡的足浴，为什么能治头痛呢，中医经络学认为，脚是足三阴经之始，足三阳经之终，因而用温水洗脚，可起到通经活络、温煦脏腑之功效，其五脏六腑得以温养，则气血运行通畅，故能够防治疾病、缓解症状。再说，足外踝后跟骨上凹陷处是昆仑穴，此穴通过经络与头顶通天穴相通，水温刺激昆仑穴，可促进气血运行，上达巅顶，故可治疗头痛。洗脚时，按摩昆仑、通天二穴可增加止痛效果。因此，华佗的足浴疗法，是有一定道理的。

　　至今，亳州仍流传着"睡前洗洗脚，胜似吃补药"的说法。

中医大家与中医著作

九、华佗轶事

华佗是一位医术高明的医生。他博览群书，又长期行医，临床经验十分丰富。他善于总结民间的诊疗经验，重视运用民间的单方、验方治疗常见病，处方简洁，价格便宜，疗效也很好。他精通内、外、妇、儿各科，善于运用手术、方药、针灸等各种方法治疗疾病。

由于华佗医术精湛，又热心为百姓治病，十分受人敬仰，留下许多生动感人的故事和传说。单是见于正史的各科医案，就多达 20 余例。千百年来，华佗的故事在民间广泛流传。

（一）巧医蛔虫

那时，扬州一带各种寄生虫病广泛流行，华佗诊治了不少类似的疾病，对治疗寄生虫病已有相当丰富的经验和阅历，而且在运用民间单方、验方治疗寄生虫病方面也很有成效。

一次，华佗在行医回来的路上，迎面遇见了一辆牛车，车上拉着的人瘦得皮包骨，捂着肚子不住地哼哼。

"一定是有人生病了！"华佗想，出于职业的敏感，他叫住了牛车，问："这车上的病人要到哪儿去啊？"

那个车夫叹了口气，说：

"唉，还能到哪儿去！我兄弟病了，粒米不进，喉咙像被东西堵住了，我拉他四处找大夫，可大夫都说治不了。我只好拉他回家，恐怕晚了，就……"

华佗走近病人说："张开嘴让我看看！"

他仔细看了病人的舌苔、咽喉，又看了看病人的皮肤

情况，然后对车夫说："不要紧，喉咙里没有长东西。是肚子里生了蛔虫。你们刚才走过的路口拐角有一个烙饼摊，你们到那里去……"

话没说完，车夫就打断华佗的话，问道："你怎么知道我兄弟肚子里生了蛔虫？再说我兄弟连粥都不能喝，哪能吃烙饼啊？你别开玩笑了！"

华佗一笑："不，不是叫你们买烙饼吃，我是叫你们到那里去买饼摊上的佐料，就是带葱、姜、蒜末的醋汤，买它一大碗，让你兄弟一口气喝下去，病就好了。你兄弟脸上有虫斑（有些体内有蛔虫的人，面部皮肤可见白色如铜钱大小的斑块，医学上称为"虫斑"），应该不会有错。"

"那玩意儿能治病？"车夫十分的疑惑。

"能治病。你要相信就去试试，反正吃不坏，放心好了。我还有事，先走一步。如果不见好，再上家里找我，离这儿不远。"华佗指了指自己的住处，便走了。

车夫一想，反正兄弟也是死路一条了，死马当活马医呗。就买了一大碗让他兄弟喝了。一会儿病人就大口大口地呕吐起来，仿佛不把五脏六腑吐尽不能罢休似的。吐完以后喉咙也不堵了，肚子觉得饿了，精神也好起来了。车夫还发现他兄弟吐出了一条像蚯蚓似的虫子，这才相信刚才那位先生的话。一打听才知道，原来给他兄弟治病的就是"神医"华佗，于是把那条虫子挂在车旁，架车赶往华佗家致谢。

华佗家门前的大路上有两个小孩正在玩耍。看到这辆牛车旁挂着条虫子，那个大一点的孩子便对小的说："这辆车一定是上咱家来的，他们一定遇到过咱爸。"

"你怎么知道？"

"车边上挂的虫子不就是证明吗！"

牛车果然在小孩的面前停了下来。他们说明来意，跟着孩子进了屋，发现屋里墙上挂着好多这类的虫子！

原来蛔虫这东西最怕酸辣，吃了酸辣的东西它在肚子里就呆不住了。华佗用这个办法治好了很多人的寄生虫病，大家把打出来的虫子送到华佗家，作为对他医术高明的证明，不久，华佗家的一面墙上就挂满了这类的虫子。这种用日常食物治疗疾病的方法至今仍受到人们的欢迎。

（二）巧医蜂毒

　　有一天，一位大嫂在河边割草，不慎捅了马蜂窝，一群马蜂立即围追过来，蜇得她鼻青脸肿，满脸火辣辣地痛，不多久眼睛鼻子肿得一样平，双眼肿成了一条线，躺倒在路边痛苦地呻吟着。

　　正巧华佗外出行医从此路过，看到这位大嫂伏在路旁痛哭，以为她病了，急忙上前问道："大嫂，你怎么啦？哪里不舒服？"

　　那大嫂说："不是生病!是脸被马蜂蜇了。"

　　"没关系，我这有药!"华佗答道，便低头到随身的医药包里找解蜂毒的药，找了半天才发现药用没了，这可怎么办？华佗想了想，转身对徒弟说："吴普，你快到屋后阴暗的地方找些青苔来!"

　　没一会儿，吴普就采来一大块绿苔交给了华佗。华佗把绿苔揉碎，敷在大嫂脸上，一敷上，她就说阴凉，很快就不痛了。华佗嘱咐她说："回家你再用绿苔敷脸，过几天我再来看看。"

　　三天之后，华佗再去看时，大嫂的脸已经完全好了，那位大嫂非常感谢万分。

　　华佗的徒弟吴普一直没弄明白绿苔为什么能治蜂毒，便问："老师，绿苔能够治疗蜂毒是哪本书上记载的?"

　　于是华佗给他讲起了发现绿苔能治蜂毒的经过：

　　"那年夏天，我在屋外纳凉，看到蜘蛛在房角结网，忽然空中飞来一只大马蜂，落在蜘蛛网上，蜘蛛从角落爬过来，伏在马蜂身上，想把马蜂吃掉，结果被马蜂蜇了一下，蜘蛛缩成一团，肚皮肿起来了。它挣扎着从网上悬下来，在地上慢慢地移动，似乎在寻找什么，只见那只蜘蛛爬到阴凉的地方，在一片绿苔上打滚，把肚皮在绿苔上擦了几擦，一会儿，肿竟消了，它重新爬上网吃马蜂，结果又被马蜂蜇了一下，蜘蛛又跌下来爬到绿苔上面滚了几滚，擦了几擦，再爬上网跟马蜂搏斗。就这样上下往返了三四次，后来终于把马蜂吃掉了。当时我就想，蜂毒属火，绿苔属水，水能克火，这是中医治病的基本理论，虽

中医外科与华佗

然医籍没有绿苔治蜂毒的记载，我依照其属性施治，也不为荒谬。这次一试，果然灵验。"

华佗细心观察、勤于思考的精神让吴普很是佩服，而这个用绿苔治蜂毒的验方也帮华佗治愈了很多被各种蜂类所蜇的患者。

（三）巧医死胎

有一次，一个姓李的将军请华佗给他的妻子看病。

李将军的妻子病得很严重，腰酸背痛，吃不下饭，喝不了水。华佗摸了摸脉，对李将军说："夫人几个月前可曾有孕？"

"有，有！"李将军点头。

"可曾受伤？"华佗再问。

"伤过，她不小心跌了一个跟头。"李将军见华佗说得都对，不由对他恭敬起来。

"夫人的腹痛是由于怀孕期间受了伤，胎儿没下来造成的。"

"可是，她受伤之后,胎儿已经生下来了！"听了这话，李将军的目光黯淡了许多。

"噢？从脉象上来看，胎儿应该还在腹中。"华佗一手拈着胡子，一手再仔细地摸着脉象。可李将军以为不是这样，华佗只好先行告辞离去。

过了一百多天，夫人的病转重，腹痛得更加厉害了，只好又来找华佗诊治。虽然第一次李将军不相信华佗的诊断，伤害了他的自尊心，可他还是毫不介意地去了。

华佗再次仔细诊脉后说："从脉理来看，跟先前一样，夫人当初怀的应该是双胞胎。第一个胎儿生下来的时候，由于流血过多，第二个就没能顺利生下，当时母亲自己没感觉到，旁边的人也没有领悟，所以不再接生，以致胎儿死在腹中,影响了血脉流通，干燥的死胎附着于母亲的脊背，这就是造成夫人脊背疼痛的原因。如果不及时取出这个死胎，夫人的生命可能会有危险。"

"那现在应该怎么办?"李将军看着痛苦的妻子，万分焦急。

"将军莫急，我先给夫人服下汤药，再施以针灸，这个死胎必定产下。"华佗胸有成竹。

于是华佗给夫人吃药、针灸，一会儿，夫人有了腹痛欲产的感觉，可胎儿仍然生不下来，李将军急得直跺脚。

华佗说："这个死胎日久且已干枯，不能自己下来，要找个人把它取出才行。"华佗请来一位妇女，教给她按摩助产的方法，没多久就从夫人的肚子里取出一个一尺来长的男胎来，胎儿手脚齐全，只是颜色已经变黑，若晚些时候胎儿烂在腹腔中，那后果真是不堪设想。

（四）巧医太守

华佗还曾经创造性地运用"心理疗法"来治疗疾病。

有一个郡的李姓太守，为官清正。但当时朝纲不振，战火不断，搞得民不聊生。他思国忧民，累积成疾。儿子劝他治病，他头摇得像拨浪鼓。

这天，华佗来到郡衙，开门见山地说：

"华某听说郡守为官清正，爱民如子，非常敬佩，特赶来为郡守治病。"

李太守一听，不好拒绝，只得请华佗诊治。华佗看了太守的面容，切了脉，半晌，对李公子说：

"公子，令尊的病不轻啊!"

没有开药，转身告辞了。

李公子以为华佗要谢金，便收拾了一些财物银两，送给华佗。华佗二话不说，就收下了，可还是不肯开药。一连几天，华佗只是来看看，开药的事，却只字不提。而每天送的财物他却都照单全收，搞得李公子不知如何是好。这天，他忍不住了，说：

"华先生，开些药吧!"

华佗停了半晌，说:

"开药可以，不过你得把令尊的政绩一点不漏地告诉我!"

"这……"李公子心想，父亲一再叮嘱，不准他在外人跟前讲老子好话。

可是为了给父亲治病，李公子只得违背父教，把华佗请到客房，一五一十地讲起父亲的事来。尽管如此，还是被李太守听到了，李太守气的把儿子大骂一顿。

李公子送华佗出来时，华佗对他说:

"哎，真是好人没好命! 明天，你到我那拿帖药，试试吧!"

第二天，李公子到华佗住的客栈来取药，发现人早已走了，只留下一封信，写着"李太守亲启"。

李公子只得拿了信回报父亲，说: "华佗不辞而别，只留下一封信。"

李太守接过信，心里已有几分不快，拆信一看，更是越看越怒。原来，华佗把昨日李公子告诉他的李太守的清廉善政，全部写成贪赃枉法，最后还把李太守骂得一无是处。气得李太守撕了信，拍着桌子，大喊道:

"气煞我也，气煞我也!"

说着，"哇"一声吐出一口黑血。李公子赶忙过来，捶背抹胸。李太守越发生气，骂道:

"都是你这个忤逆的东西办的好事，什么名医，分明是骗子! 哇——"

又是一口黑血，连着三次，竟吐了一升多。吐了黑血，李太守反倒觉得身子清爽了不少。

这时，华佗抱着个大包出现在太守面前，并且赔罪道:

"佗慕太守清名前来诊病，详查后发现，太守忧国忧民，使气血淤积于胸，服药不会有效，只得让你大发脾气，将胸中淤血吐出，病方可痊愈。言语过激，还请见谅，所赐钱物，悉数在此，佗分文不取，公子款待酒菜已足够诊费。日后还请太守多多保重身体，佗告辞。"说罢，华佗放下钱物，转身走了。

李太守看了华佗的背影，赞叹道: "华佗神医，名不虚传啊!"

十、华佗之死

众所周知，华佗的死是源自为曹操治头痛，可是，治病治得好好的，怎么会惹上杀身之祸呢？对于华佗的死因，众说纷纭，后来的学者经多方面的研究、查实，得出的结论也不尽相同：

观点一，是因为曹操怕旧病复发，强行把华佗留在身边，华佗因不愿只服侍曹操一个人，想为更多的百姓看病，托词回家后迟迟不归，曹操发现被骗后将其抓回下狱，最后华佗死在狱中。

观点二，华佗为根治曹操的头痛病，要劈开他的脑壳取"风涎"，曹操疑心是想谋杀他，故将其杀害。

观点三，是因为华佗想走仕途，以给曹操治头痛为由要挟曹操给个官当，曹操不愿受其威胁，把他杀了。

观点四，华佗之死，与曹操无关，是华佗自己尝药而死。

（一）拖延不归

曹操患了头风病，每次发作都十分痛苦，遍访名医却无人能医，他听说华佗医术超群，就把华佗召来，为自己治病，每次曹操头痛发作时，华佗就为他针刺，头痛很快就止住了。治疗了一段时间后曹操的头就不痛了。

以曹操的性格，是想把天下的俊美之士皆收在自己手下。当时他手下的文人、谋士都是赫赫有名之辈。而华佗这样的人物当属绝无仅有，到了他手里，怎能轻易放弃。何况自己的头痛病以后还不知会不会发作，说什么也不能放华佗离开。不等华佗开口，曹操便把大笔一挥，封华佗为侍医官，留用丞相府。华佗推托不掉，又不敢与曹操翻脸，就这样被强行留了下来。

华佗并不贪恋富贵，他的夙愿是在民间行医，为百姓解除疾苦。因此，让他给曹操做侍医，尽管地位很高，待遇也优厚，但他并不情愿。华佗几次向曹操告假，要回家乡，可曹操只作不闻。华佗只好一个人在房中唉声叹气，几个月下来，华佗瘦了一圈。

最后，华佗想出了个办法，就是让同乡捎信给他，说妻子病重，让其速归。

过了几天，几封加急信送到了曹操的案头。信是从谯县来的，说华佗的妻子病重，华佗若回去迟了就见不到了。

曹操生性多疑，他哪里肯轻易相信。但要不理，又怕别人说闲话，无奈，只得放华佗回去。

华佗回到家中，整日忙着给百姓看病，实在不愿意回去伺候权贵，便以妻子有病未愈为由，几次捎信给曹操，要求延长假期。曹操多次命下属写信给华佗，命其回去，又下令让郡县地方官催他回京，他都借口妻子病未好拒绝上路。曹操十分恼怒，立刻派人前去查核，并说："如果他的妻子确实有病，赏赐四十斛小豆，放宽假期；如果他妻子没有病，马上逮捕进京。"来人一查他的妻子从未患病，于是就把华佗逮回了许昌监狱。曹操听后十分生气，下令要斩华佗。

曹操的一位谋士荀彧劝说曹操："华佗的医术确实很高明，与人们的生死相关，还是把他放了吧！"曹操不但不听，反而下令立即处死华佗。华佗临死前，拿出一卷书给狱吏说："这卷书能治病救人。"可狱吏不敢接受，华佗只得含泪将书烧掉了。华佗花费毕生精力写成的珍贵医书，就这样付之一炬。实在是中国乃至世界医药史上的遗憾。

后来，当曹操的爱子仓舒（曹冲）病危时，他才叹息说："我后悔不该杀了华佗，不然这孩子就不会活活病死了。"

（二）开脑惹祸

曹操得了头风病，只有华佗能够治疗，减轻曹操的病痛，华佗便被曹操强行留在了丞相府做了侍医。

一次，曹操问华佗自己的病情，出于职业道德，华佗向曹操如实地介绍了病情，说："您的病一时半会很难根治，坚持治疗，可延续生命。"

曹操又问："可有快速根治之法？"

华佗想了想，说："丞相的病已经很严重了，'风涎'已入脑髓，不是针灸就可以根治的了。要想去根，只有施行手术。"

"施行手术？"曹操不解。

"先给您服用'麻沸散'，待药力起效后用利斧剖开头颅，取出'风涎'，才能除去病根。"

曹操一听，勃然大怒，他生性多疑，怎肯相信开颅手术是给他治病，依他所见，华佗分明是受人指使，有意加害于他。华佗曾为关羽"刮骨疗毒"，为世人传诵，说不定他是潜伏于此，伺机为关羽报仇的。于是，他指着华佗厉声斥道："剖开头颅，人还能活吗？你分明是要加害于我！"便令将士将华佗拿下，打入大牢。而后又不断拷打追问，可怜一代神医便这样冤死于狱中。就连华佗倾其一生所著的《青囊书》也因此失传，实乃医学史上的重大遗憾。

(三) 官迷心窍

关于华佗的死因还有一种说法，就是他想做官从政。

华佗本为"士人"，他"游学徐土，兼通数经"，入仕为官才是他的人生目标，而后来却以医术精湛而名闻天下。

在中国古代社会里，"万般皆下品，唯有读书高"和"学而优则仕"是众多读书人的信条。华佗所生活的东汉时期，社会上读书做官的热潮已经达到顶点，这种社会风尚不能不对华佗产生影响。

但是，据《三国志·魏书·方技传》记载，沛国相陈珪荐举华佗为孝廉，太尉黄琬征辟他做官，他都不去。这又是为什么呢？

这可能有两个原因：一是华佗才气大，颇为自负，认为陈珪、黄琬荐举的官职都不大，不肯为之。二是他已经迷恋上医学，不愿为此小官而抛弃从小所喜好的医学。后来，在行医的过程中，华佗深深地感到医生地位的低下。随着他医术的越发精湛，接触的高官权贵也越来越多，在接触过程中华佗深感地位悬殊的差异，性格也变得乖戾了，难以与人相处，因此，范晔在《后汉书·方术列传》中毫不客气地说他"为人性恶，难得意"。在后悔和自责的同时，华佗在

中医外科与华佗

43

时刻等待入仕为官的机遇。

偏巧此时曹操招华佗进宫治疗头风，华佗便利用为曹操治病的机会，要挟曹操，意图求取官爵。可曹操却认为华佗以医见长，不适合为官，就没有给他任何官职。华佗便在治疗的过程中，故意拖延进程，并借口"当得家书，方欲暂还耳"，而到家以后，又假借妻子生病，数次逾期不归。

据《三国志》记载，华佗回家后，曹操曾经多次写信催他回来，还曾命令郡县官员将华佗遣送回京，但是华佗还是不肯回来。

曹操大怒，派人前去查看，并吩咐：如果华佗的妻子真的病了，就赐给四十斛小豆，并放宽期限；如果华佗说谎，就拘捕押送他回来。经查证核实后，华佗被打入大牢，荀彧还替华佗向曹操求情，曹操不理，将华佗处死。由此看来，华佗的死是曹操所害，也与他本人有关：华佗以医术为手段，恃能求官路，反而招来杀身之祸，这应该是他被害的直接原因。

所以在华佗死后，曹操的头风病虽然还是时时发作，但始终不悔，还说："华佗能治好我的病。但他存心给我留下后患，想以此使自己受到器重。我即使不杀了他，他最终也不会替我把这病彻底治好的。"

华佗是否真能像曹操说得那样，故意留下病根，后人无从考证。可这话却一针见血，道出了华佗的心思和他被杀的原因。

（四）试药误亡

曹操得了头风病后，请华佗来诊治，华佗手到病除，曹操便把华佗强留在自己身边做了侍医。

有一天，曹操高兴，邀华佗到营房外去散心。

因为华佗一直想找机会离开丞相府，回到自己的诊所为更多的百姓看病，趁今天曹操高兴，华佗心生一计，他们玩得兴致正浓的时候，对曹操说："丞相，我有一事不明，不知该问不该问？"

曹操笑着说："何事？请讲！"

华佗脱口而出："家事、民事、国事，何事为大？"

曹操想了想，说："家为一，民为众，国为首。当然是民事、国事为大。"

"那丞相留我专为一人治病，而天下战祸横飞，灾难迭起，不知有多少人因为缺医少药而命丧黄泉，如今家事、民事、国事都摆在这里，不知丞相有何见解？"

"这……"曹操听到这里，明白了华佗的用意，沉思了半天说："我留你，只是为了家事，而忘了民事、国事。那好吧，我马上可以放你走。不过，在你走之前，能不能找出一种根治我头痛的长效药呢？"

华佗说："只要丞相放我回去，我一定会有办法根治你的病。"

就这样一连几次，曹操的病还是无法根治，华佗自然也无法离开，华佗心想：丞相伐董卓，平叛乱，日理万机，也是造福民众，于社稷江山有益，假若不把他的病治好，一旦在战场上发病，岂不坏了大事？

这一次，华佗没有马上就走，而是日夜翻书查典，经过几天没日没夜地查找，终于在他祖父留下的秘方里找到了一种可以根治头痛的药方。这种药叫"僵虫"，是地下棺材中死尸身上长的一种小虫，有毒。在祖传的秘方上留有一条眉批：慎用。华佗决定用这个方子给曹操根治头痛。他叫人去办了药来，亲自煎好，为避免曹操中毒，便自己先倒了一碗，想喝了试试。哪知此药有种特性，对有病者无妨，对无病者有毒，华佗腹痛钻心，倒在地上直打滚。

华佗身边的人一见这种情景。便去把曹操请了来，此时的华佗虽已说不出话来，但还是用脚踢翻了药罐，示意曹操不可服用，不一会儿，华佗就气绝身亡了。一代"神医"就这样为试药，献出了宝贵的生命。

华佗辞世至今已经一千八百多年了，但百姓对他的怀念却从未停止。各地均建有纪念华佗的各种建筑，或举行各式的活动来纪念这位伟大的医学家。

华佗的出生地在安徽亳县，家乡父老多次集资，在城内东北部，相传是当年华佗开设医馆的原址建庙，以示纪念。清朝时重加修缮，取名"华祖庵"，解放后予以扩建，改名"华佗纪念馆"，由郭沫若先生亲笔书题。庵内正殿安放着华佗的塑像，两旁悬挂着名人诗画，周围陈列着相传为华佗的著作和常用药物。院中有一大池塘，相传为华佗洗药的地方。

据考，安徽省亳州市北的小华庄为华佗故居，为纪念华佗，乡人在小华庄

中医外科与华佗

北约 400 米处，建有华佗庙一座，庙中香火终日不断。每逢农历九月九日(据传说此为华佗生日)，该庄华姓村民均集体到庙中祭祀华佗。1986 年为纪念华佗，乡人又在该处修建一座华佗庙及一所华佗医院。

河南许昌城北十余里外的苏桥，在一望无垠的麦田中，有一处墓地，四周由青砖墙垣环绕，迎面树立着一块古老的石碑，上书"汉神医华公墓"几个大字，为华佗的坟茔。离墓地不远，还有当年华佗女儿哭祭其父之处，俗称"哭佗村"。至今每逢节日，乡民们仍按惯例来此焚香祭祀，以求华佗神灵保佑，消灾除病。

沛县曾是华佗寄居和行医之地，建有一座华祖庙，庙里的一副对联，抒发了作者的感情，总结了华佗的一生："医者剖腹，实别开岐圣门庭，谁知狱吏庸才，致使遗书归一炬；士贵洁身，岂屑侍奸雄左右，独憾史臣曲笔，反将厌事谤千秋。"

华佗的弟子们对他更是怀有无限的深情。他们在广陵修建了华佗神庙，以表达对恩师的哀思和悼念。庙附近的一座小桥，相传人们取桥下的水来煎药，病情即可转危为安。因此，人们称此桥为"太平桥"。

徐州既是华佗游学之地，又是他学成为群众防治疾病之所。在徐州市中山路石磊巷有座华佗墓，相传华佗被杀之后，首级运回居地示众，华佗弟子樊阿将其首级配上石身，埋葬于铜山县（今徐州市铜山县）南，后因战乱，此墓不存。明永乐年间（1403—1424 年），徐州城内某处土建时，挖出一大型头骨，人们猜测为华佗的骸骨，即在此处建起了颇具规模的陵墓和庙宇。现仅存"后汉神医华佗之墓"碑一座。

纪念华佗的建筑、庙宇、馆院当然不只这些，他在全国各地的药王庙都有塑像供奉。中医学传至海外，在东南亚等地的中医界也多塑像纪念。千百年来，"神医"华佗的美名有如涓涓不歇的水流，永远流淌在人们的心田。

孙思邈与《千金方》

　　孙思邈在我国医学史上享有崇高的声誉。唐太宗赐他"名魁大医",宋徽宗封他为"妙应真人",百姓则尊称他为"药王"。孙思邈留下了很多医学著作,其中《千金方》中所记载的许多方剂得到了历代医学家和人民群众的广泛使用与验证,被后世医学家尊为"临床医学百科全书",为世界关注。

一、献身医学的传奇一生

孙思邈是今陕西省耀县孙家塬人。孙家塬在现在的耀县城东北方，这里是黄土高原地带，村子周围山峦重叠，没有自然水源，农民常年食用的是下雨时积存的窖水，遇到天旱，长期不下雨，窖水用完了，就得到很远的地方去运水。虽然自然条件不好，但是，这里的农民非常勤劳，除了种植庄稼外，妇女们还自己纺线织布，过着俭朴的生活。孙思邈就是在这样的环境中出生并逐渐成长的。

（一）苦难的童年

581 年，也就是隋文帝开皇元年，孙思邈就出生在孙家塬的一户普通农民家里。他自幼用功读书，聪明好学，7 岁的时候就能记住千余文字。到 20 岁时，便精通老子、庄子及诸子百家学说，他又喜好佛家经典，学识渊博。当时洛州（今洛阳）总管独孤信曾遇到孙思邈，见他博学多闻，才华横溢，赞赏他为"圣童"，对他十分器重。

可是，孙思邈从小身体瘦弱，饱尝了疾病的折磨，求医和买药的费用，几乎耗尽了家里所有财产。592 年，孙思邈 12 岁了，这一年，长安一带瘟疫流行，孙思邈家乡的许多人都患了这种病，不治而死。

相传孙思邈也染上了瘟疫，高烧不退，卧床不起。他的母亲日夜守在他的床前，哭肿了双眼，却没有任何办法，她没有钱给儿子请郎中看病，眼看孩子就要被夺走性命。正当她绝望地想要悬梁自尽的时候，来了一位鹤发童颜的云游郎中，他把一包草药递给孙思邈的母亲说："就剩下这最后一包救命药了，快拿去熬熬给孩子灌下，病还有救！"这时正好孙思邈清醒过来，听到这话，勉强挣扎着爬起身来，在炕上对郎中叩了个头，拜谢了他的救命之恩。就是这一碗汤药救了孙思邈的命。

面对家乡所罹患的灾难，小小的孙思邈心痛了，这一切都让他深深体会到医生的重要性，也更明白了一名医生责任是何等重大，他迫切想成为一个治病救命的医生，去治疗天下人的疾苦。

（二）学习医学与实践医学的过程

孙思邈为了学好医学，孜孜不倦地学习古代医学家的著作，刻苦地学习前人的经验。为了看到医书，他除了向别人借阅之外，还不惜花钱去购买。他曾下了很大功夫去钻研唐以前各代名医如扁鹊、仓公、华佗、张仲景、王叔和等人的医学典籍，因此，他对一些医学名著都参悟得很透彻。

他最早学习医学是在他家乡附近的太白山。这是我国著名的草药产地，孙思邈在这里学习医药学知识，这为他以后在药学方面的深造打下了坚实的基础。

孙思邈为了采集药物，曾经在太白山隐居过很长一段时间。至今，当地还流传着孙思邈捉拿手掌参的故事。传说太白山原本有人参"居住"，因被人发现，人参急忙连夜"逃跑"。孙思邈听说后，便带领人马紧紧尾随，一直追到长白山上才追到，便将人参用绳子倒绑双手带回了太白山。回来后才发现人参不见了，只剩下了两只断手，这就是今天太白山上的手掌参。这当然只是个神话故事，但却反映了孙思邈对药物的重视和他采集药物的艰辛。

孙思邈很谦虚，他经常告诫自己也告诫后人说：人们常说，病人死亡约有半数是缺少优秀医生所致。学医的人必须专心致志，勤奋学习，才能通晓医药学问。如果只懂得几种药方，就认为自己无所不知，那是一定会错误的。他还说：人的生命比黄金更为贵重，医药学问博大精深，济世活人任重道远，必须深入探索，精勤钻研，才能担当医生的神圣责任。他更指出：有的愚蠢的医生，自傲于学了三年医方，就夸口说天下没有他治不了的病，等到行医三年后，才知道天下有很多病尚没有可治的医方。孙思邈的话，指出了临床经验比书本知识更丰富、更重要。

孙思邈本人也是这样做的，除了认真学习古代名医的著作，反复实践来提高自己的医疗水平外，他还虚心地向一些有经验的医生请教，并非常珍视学习民间经验，无论切脉、诊病、处方、制药，只要别人有哪怕一点一滴比自己高明，只要他听说了，那么即使远隔千山万水，也要去登门拜访。

传说孙思邈行医成名之后，总觉得自己在某些医术上还不如别人。为了在医学上有更深的造诣，他改换姓名，到县城一家药铺为一位坐堂名医当了抓药的徒弟，用心学习名医的医术。有一次，一个员外带领女儿前来就诊，说女儿肚子痛，坐堂医生经过诊断，认为病人肚子有虫子，便开了一副打虫药。孙思邈接过药方正想抓药，可是突然感觉不对，他说："先生，你开的药量少了些，恐怕虫子打不下来呀！"坐堂医生非常生气，觉得他在员外面前伤了自己的尊严，就依旧按自己的方法开了药。小姐服药后，肚子很快不疼了，员外非常高兴，一面夸奖坐堂先生，一面拿出银两酬谢。坐堂先生也沾沾自喜，认为方圆百里自己的医术无人可比。不料小姐正准备回家时，肚子又疼了起来，反而比来时疼得更厉害了。这时坐堂医生无计可施，不知所措了，他忽然想起刚才徒弟抓药时所说的话，觉得很有道理，于是连忙把他叫到别处，问了原委。孙思邈说道："从小姐的病情来看，她肚子里的虫子较大，但先生开的药只能把虫子毒晕，而不能毒死，小姐服药后暂时不疼了，那是因为虫子被毒晕了，可过一会儿虫子醒过来了，便要进行报复，因此小姐肚子疼得比以前更厉害了。"坐堂医生心服口服。为了治好小姐的病，应付眼前局面，他便很快按徒弟的意见重新配了一剂药，小姐服后不一会儿虫子就排出来了，肚子也不疼了。他们走后，坐堂先生回想今天的事，感觉徒弟见解不凡，一定是个懂医的人。在他再三追问下，孙思邈才道出自己的真实身份，坐堂医生听后大吃一惊，起身对孙

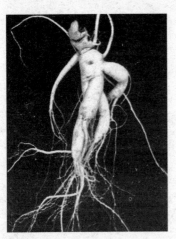

思邈磕头拜道："久仰先生大名，在下有眼无珠，多有冒犯，还请孙先生原谅，今后就请孙先生坐堂就诊，我还得多多请教呢。"孙思邈道："说哪里话，我才是久闻先生大名，来向先生学习呢。"

在隋炀帝大业年间，孙思邈用自制的"太乙精神丹"治好了许多难治的疾病，受到了当地群众的信任和欢迎。因为孙思邈谦虚有礼、学问渊博、医术高明，当时有很多著名的文人都来拜他做老师。此外，擅长针灸的太医令谢季卿，以医

中医大家与中医著作

术、针灸著称的甄氏兄弟甄权和甄立言，专长药性的韦慈藏等也与他往来密切，相互探讨学问，这些都无形中拓展了孙思邈的知识领域。

孙思邈求知若渴，永不满足，他酷爱读书，虽须发皆白也手不释卷；无论寒冬酷暑，都坚持不懈地进行医药研究。他曾长期跋涉于秦岭、巴山、峨嵋、太行等名山大川，奔波于陕西、四川、河南、山西、甘肃等地的偏僻乡村，从事诊疗、采药、考察、著作等活动，积累了丰富的知识和经验。从贞观年间到唐高宗永徽初年，孙思邈曾数次往来于川陕之间。其间也曾在长安、汉中和陇州等地方从事医药调研活动，救治大量病人。

孙思邈与《千金方》

民间广泛地流传着一个孙思邈起死回生的故事：传说有一天，孙思邈外出行医，看见一行出殡的队伍迎面走来。他停在路边观看，忽然上前一步按住棺材大喊："且慢！且慢！"送殡的人以为他是疯子，要赶走他。他说："人还没有死，你们为什么出殡？"众人说："人早就死了，你不要再胡说。"孙思邈说："人要是死了，血会凝固的。你们看棺材底下正在滴鲜血，怎么能说人死了呢？"众人一看，果然有细细一道血丝向外流，就打开棺材请他查看。只见一个妇人面黄如纸，小腹鼓胀，双腿之间正向外渗着鲜血。这女子的丈夫哭着说："我妻子婚后十年没有生育。这次怀孕一年多了，昨天才觉胎动，可是却难产死了。"孙思邈试了病人的鼻息和脉象，取出三根银针，一根刺人中，一根刺中脘，一根刺中极。三针扎下去，孕妇很快苏醒过来。众人把孙思邈当成了神仙，一齐跪下磕头。孙思邈让他们站起来，又送给病人的丈夫一剂药、一幅图，嘱咐他："赶快把病人抬回去，喝下这副药，再按图接生，可保母子平安。"结果，病人回去顺利地生下了孩子。原来，这个产妇并没有死去，只是由于难产而窒息了。一个人如果真死了，时间稍长，就不可能再流出鲜红的血液来，这就是孙思邈判断产妇没死的根据。人们见他连死人都救活了，并且几针就救了两条性命，自然越来越信服他，都称颂他是起死回生的神医。

孙思邈的医术越来越高超，名声传播得也越来越远，虽然如此，但他从不追求名利。隋文帝曾经要他去做国子博士，他以生病为由拒绝了。后来唐统一了中国，唐太宗李世民即位后，在 636 年召孙思邈到京师，要授予他爵位，也被他拒绝了。

据说，当年皇后病重，卧床不起，虽经不少太医诊治，但一直不见好转，有人就推荐了孙思邈。唐太宗就把孙思邈请来，让他为皇后治病。

在封建社会里，男女授受不亲，更别提让孙思邈来亲诊皇后娘娘了。孙思邈看病之前，侍从们就让他白纱罩面，悬丝诊脉。孙思邈郑重地提出，看病不是儿戏，悬丝诊脉根本无法确诊，于是拒绝如此看病。唐太宗无奈，只得依从了他，于是孙思邈就亲自为皇后诊了脉。从病人的脉象观察，孙思邈知道皇后以前所服的药物不对症。他问过了服药情况后，就要观察病人的面色，这一举动又受到了侍从们的阻挠。孙思邈说："刚才给娘娘诊脉，病已断定八成，但必须观其表里，才能尽窥病势。望、闻、问、切缺一不可。药力微，恐怕无济于事，但药性稍猛，性命就会难以保证。所以不观气色，我是不敢贸然下处方的。"尽管唐太宗很为难，但也只能就范。

宫女将纱帐掀起，孙思邈仔细观察了皇后的气色，就开了一副小柴胡汤来疏肝解郁。太医们验过药方，纷纷表示柴胡是升提之药，药性过猛，不适合皇后用。孙思邈说："此病是从忧郁而起，肝气郁结，热邪内陷，而成血痨症。柴胡能提邪外出，自可痊愈，所以非用不可。"这时有个太医强辩说："医书中绝无此理。"孙思邈说："书中既有，娘娘的病早就该好了。"那位太医很不自然地说："你这是何意？竟敢诽谤圣贤医书！"孙思邈据理力争说："我的学识浅薄，怎敢诽谤医书！须知本草之中，奥妙莫测，处方下药须从四诊八纲综合诊断，提邪外出，柴胡可用。"一番唇枪舌剑之后，大家把眼光聚向了唐太宗，唐太宗很赏识孙思邈，皇后的病又很严重，便决定服用孙思邈的药方。

皇后服了孙思邈开的药后，浑身颤抖，腹内疼痛，出了一身冷汗，但病情随即就有了好转，又经过了几天的调养，很快就恢复了健康。

孙思邈受到唐太宗李世民的嘉奖，留他在当朝做官，可是孙思邈立志漂泊四方为广大人民群众舍药治病，婉言谢绝了太宗所赐的官位。唐太宗深为孙思邈的高尚品德所感动，更加欣赏孙思邈，后来还曾亲临华原县五台山去拜访孙思邈，并赐他颂词一首。直到现在，药王山南庵内还留

中医大家与中医著作

有唐太宗御道"拜真台""唐太宗赐真人颂"等古碑。

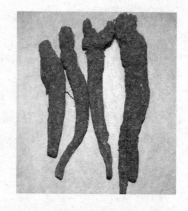

658 年，唐高宗征召孙思邈到京师，让他审订即将成书的《新修本草》，因为孙思邈在这项工作中有突出贡献，唐高宗就想请他担任谏议大夫的官职，他再次拒绝了。后来，他为了更方便地查阅医书以便从事著述，终于接受了"承务郎"一职，在"尚药局"供职了一段时期。

就这样，孙思邈在京城长安居住了十六年，阅读了大量医学著作。在阅读了许多医学书籍并搜集到自己所需要的资料以后，他便于 674 年借口身患重病辞职返乡了。

（三）严谨的治学方法和高尚的医德

孙思邈从 18 岁开始学医，直到百岁之后，仍然在潜心钻研各科医学。他在祖国医学的生理、病理、诊断、治疗、药物、方剂等基础理论以及内、外、妇、儿、针灸、按摩等各科疗法，均有相当高深的造诣。他涉猎群书，吸取各家之长，也十分重视搜集流传于民间的医疗经验。他用这些方法医治了很多病人，不畏辛苦地行走在民间，赠医施药，被后世医家视为楷模。

1. 严谨的治学方法

孙思邈对祖国医学的学习是很认真的，他认为：疾病常常有内部相同而外部表现不同的，也有内部不同而外部表现相同的，因此人体内脏之实虚、血脉营卫之通塞，不能单方面从耳闻和目见所察觉，必须全方面地诊察疾病。如果病邪有余则应泻而反补益，虚而不足应补而反损通者反而再通，塞者反而用塞法，热者给吃温热类药，寒者给吃寒药，那就是病上加病，希望病人好转，实际上却是加重病人病情。

孙思邈将自己学到的知识应用到实践中去，并在实践中学习医疗技术，用来解除病人的痛苦。在那个年代，狂犬病是一种很严重的疾病。它是疯狗咬人后，使人精神发狂甚至死亡的一种病。孙思邈刚开始学医时，还未专门以行医为职业，有人患了狂犬病，求治于他，他不知道应当怎么办，经他手死去的狂犬病人一个接一个。自此他一心一意地钻研狂犬病的治疗，后来再碰到这种病，治疗效果就越来越好了。

2. 高尚的医德

孙思邈不但在治学方面给后人不少启发，在医疗道德方面，也提出了作为一个医生必须具备的行为标准。他认为，作为一名医生，必须要具有高尚的品德，要懂得"仁义之心""有慈悲之德"，具有济世活人的使命感。因此，在他所著的《千金方》第一卷中详细地论述了作为一个医生所必须具有的医疗态度和医学品德。

孙思邈认为：一个优秀的医生要把病人的疾苦看成自己的疾苦。治病时，必须一心一意，全神贯注，丝毫不能夹杂有贪求财物的念头。不能仗着自己有点专长，就一心牟取私利。对于病人要有深切的同情和爱护精神。医生的志愿就是解除病人的痛苦，不论病人贫富贵贱，不管他长得好不好看，也不论是不是亲人朋友，都要一视同仁，把病人看做自己的父母兄弟一样。只要有患者相召，不论路途有多艰险，都要一心前去救治，这样才能是百姓的好医生。所以，只要有人请他看病，他从不推辞，遇到穷人，他甚至不肯领受钱财。

孙思邈说到做到，他本人治疗过六百多个麻风病人。麻风病是一种很难治疗的慢性传染性疾病，他为了解除病人的痛苦，寻找治疗这种疾病的方法，在治疗过程中，他不怕传染，亲自看护，把各个病人的症状和情况都详细记录下来。贞观年间，他为了让一麻风病人摆脱家务和房事，还专门将他带入山中，让病人连服松脂一百天，结果患者因害麻风病而脱掉的胡须、眉毛又生长出来了。由此他得出结论，麻风病人还要戒绝房事，不能仅仅依靠药物来医治。

孙思邈还认为，作为一个同情病人疾苦的医生，为病人治病时，应当不怕脏臭。他说：凡遇到病人患疮疡伤科病或拉痢疾时，虽然病人脏臭不可诊视，人们都不愿接近，但作为一个医生要有怜悯之心，绝不能有丝毫厌烦之意。

孙思邈反复强调，一个优秀的医生要认真负责，不能粗心大意，他说，作为一个医生要时刻注意检查自己，胸怀宽广，不要有突出个人的表现。看病认疾，要态度严肃，专心一致，仔细检

查体形症候，一丝不苟，处方针灸，不得有点滴差错。虽然说病人来了要紧急抢救，但临事不要慌张，应当深思熟虑，不能不顾病人安危，草率诊治，只图表现自己。他指责当时一些不负责任的医生，切诊时，病人脉跳不够五十次，而且只摸寸部不按尺部，也不认真观察病人的气色，仅仅问了一下病情就将处方开出来。须知这样诊治疾病只能看到局部，根本不能判断病人的生死和预后。这是当医生一定要时刻警惕自己而应加以戒绝的，也是病人应当时刻提防的。

　　孙思邈提倡尽量用便宜药代替贵重药。因为当时的医生不少都是承袭家业的，他们有名无实，自吹自擂，开方喜用贵药和难求的药，以此证明自己广闻博识。孙思邈很看不起这样的人，他指责当时一些医生治病多用人参、肉桂这类价贵难得的药物，他认为，遍地皆有的苦参、青葙子、葶苈子、青蒿等类药，除热解毒效果最好，远远超过那些贵重药。

　　孙思邈对当时医生保密医方的情况不屑一顾。他在谈到妇人面部修饰药保密情况时说：今天的医界各家极为保密，不许徒弟泄漏一法一方，甚至父子之间也不传授，但是古人立医法时说要使医家了解，要人人都知道，不然，就会阻碍医学的进步。孙思邈本人对于医方相当大度，为了让更多的百姓更及时地得到救治，他甚至把很多最有效的医方刻在了石碑上，并把石碑竖立在了行人来往频繁的大路上，供人们抄回去使用。人们遇到疾病无法医治就采用石碑上的治法，取得了很好的疗效，人们非常感激孙思邈的恩情，将那座石碑称为"石大医"。可惜的是，有一个医生为了独占这些药方，就将"石大医"上的药方全部抄录后，在一个夜晚用凿子将"石大医"上的方子全部凿掉了。不能不说，这又是医学界的一件憾事。

　　在人们心中，孙思邈是位伟大的医师，因此人们自古至今仍尊崇他，尊他为"药王"。孙思邈为医生提出的这些行动准则，不仅在当时有进步意义，对后代医家也有重大影响。

　　晋隋间，社会动荡不安，我国这一时期的医药学家虽然在疾病的认识、医方创制、新药发现等方面都有很大的进步，但多散在各家的方书之中，得不到整理和提高。到了唐代，国家统一、生产发展，经济繁荣，为科学文化和医学

孙思邈与《千金方》

的交流和发展提供了有利的条件。《千金方》就是孙思邈在整理和提高以前医学成就的基础上，总结自己毕生的临床经验，写出的一部综合性临床百科全书。《千金方》是两部书的合称，它们分别是《备急千金要方》和《千金翼方》。

自从孙思邈踏入医学宝库的大门以来，便把毕生的精力都奉献给了医学事业。他敢于实践、勇于探索，并善于向劳动人民学习，他在行医的过程中，深感古代医方散乱，不便参考，便着手进行整理，广集各医书的精华。孙思邈还对唐以前的医学资料进行汇总、研究，并结合自己数十年的临床心得体会，于652年，70岁高龄时写成了《备急千金要方》。

《备急千金要方》全书共 30 卷，分 232 门，合方论 5300 余首。其中包括了"脏脉之论、针灸之法、脉证之辨、食治之宜、先妇女而次婴孩、先脚气而后中风、痈疽、水肿、七窍之病、五石之毒、备急之方、养生之术"等方面。这本书突破了长期医必称《黄帝内经》，药必言《神农本草》的旧制，其规模之大，在唐代以前的医书中是罕见的。

《备急千金要方》是孙思邈在总结前人成就的基础上，充实了新的内容，从基础理论到临床各科治疗做了系统的、全面的论述。可以说，它是祖国医学在唐代文化发展高锋时期的代表作，也是我国现存最早的医学类百科全书。后来，为了补充《备急千金要方》的不足，孙思邈又在前书的基础上，继续探索，不断积累，于百岁时又写成了另一名著《千金翼方》。对《备急千金要方》加以补充和发挥，共计三十卷。两书统称为《千金方》。

在这两部划时代的巨著中，孙思邈不仅收载了唐以前的"经文古方"，而且还记录了大量的"俗说单方"，并结合自己丰富的医学实践，创造性地发展了祖国医学。对疾病的预防、诊断、用药、处方、针灸、食疗等，都作了精辟的论述。在妇科、儿科方面，也有许多独创。例如，他主张胎儿初生必须"先以棉裹指，拭儿口中及舌上青泥恶血"；对落地不作声的假死儿，也提出了许多急救之法。这些在 1300 多年前提出的见解，完全与现代科学的提法相吻合，足见他的医道之高明。

中医大家与中医著作

二、惊世巨著《千金方》

（一） 《千金方》 的由来

　　孙思邈孩童时期体质不好，瘦弱多病，但因为他从 20 岁开始便认真钻研医学，为人开朗乐观，又十分注意保养身体，所以在他 70 岁时仍然精力充沛。同时他想到自己为百姓治病也有将近半个世纪了，积累了很多治病经验，搜集了大量的医学材料，为了把他的医疗经验更好地传承下去，为更多的人解除病痛，他下定决心回到家乡著书立说。

　　他在弘文馆摘录的大量医经、方书资料，大约占全部篇幅的三分之一；他在各地访问、学习中搜集到各种单方、验方和秘方，为数也不少；还从当时一些少数民族、域外各国的医药材料中，收集到一些宝贵的治疗方法和药物，这部分内容大约占全部篇幅的五分之一。这部书的确是孙思邈毕生精力的结晶，几乎包括了当时所有医学的理论和实践，以及临床各科的全部成果。

　　这是在 1300 多年前的旧社会，当时纸、笔等工具还十分不方便，要编著这样大规模的书，所要克服的困难，所要付出的巨大精力，就是在今天，也是难以想象的。但是，孙思邈以自己丰富渊博的学识、坚忍不拔的毅力，终于在古稀之年完成了这部巨著。他感到十分高兴，因为他自认为给后人留下了宝贵的精神财富，可以不虚此生了。但是，他还有些遗憾。最大的一件遗憾，是直到此部书著成时，也没能见到《伤寒论》的全貌，只从别的著作中看到过一些片断的内容。自己虽然也治疗了一些伤寒病人，但总觉得经验还太少，自己的书中还没能深入论述这种病症。

　　在这一年严冬，全部书稿已经誉清。孙思邈对徒弟们说："书是完成了，可是还得写一篇序言，把写书的目的说清楚才行。再说，也还没有书名呢。"他良思片刻，拿起纸笔。端端正正地写了六个大字："备急千金要方。"还边写边说："人命至重，有贵千金；一方济之，德逾于此。"也就是说，人的生命是世界上最重要的东西，比千斤黄金还要珍贵得多。如能用一剂方药来拯救人的生命，所积的功德真要远远超出千斤黄金的价值了。所以孙思邈用"千金"两个字来命名自己的医学著作。

孙思邈在著完《备急千金要方》之后犹感不足，于是他仍然辛勤劳作，继续长途跋涉，搜寻预阅而未得之先贤论著，再集三十年之功，撰写出《千金翼方》三十卷，以作《备急千金要方》的补充。值得一提的是，《千金翼方》将晋唐时期已经散失到民间的《伤寒论》条文收录其中，单独构成九、十两卷，竟成为唐代仅有的《伤寒论》研究性著作，对于《伤寒论》条文的保存和流传起到了积极的推动作用。

（二）《千金方》的内容

孙思邈通过学习以及总结自己的医疗实践，成就了医学名著——《千金方》，对医学及药学方面等都有很详细的阐述，对中医药后来的发展作出了非常重要的贡献。

其中，《备急千金要方》共三十卷，全书的主体内容，是他自己几十年来治病的经验总结，这大约占一半左右的篇幅。从具体分类来说，全书开卷的部分，卷一名为序例，分为九项，他阐述了医生应学习的古典书籍、为医之法、病因概述、诊断、处方、用药的方法及配伍、药物的炮制、药物的合理服用以及常用药物的储备。

孙思邈将妇人科放在卷二、三、四。这是因为在医学上妇人病比男人的病要多一些，孙思邈认为，这些妇女受那么多疾病的煎熬，还受着三从四德的约束，从医疗上说，应该特别加以重视。在封建社会歧视妇女的社会风气下，孙思邈这样做，十分鲜明地表现了他反对封建礼教的勇气，是很可贵的。在这三卷里，他分上、中、下三部分详细地讲述了妇科的常见病症及治疗预防的方法。

随后两卷即卷五上、卷五下论述的是小儿科的病症。他特别重视小儿的疾病，是因为小儿是"哑科"，自己不会诉说病情，有什么病容易耽误。所以把它也放在书的前面，这样容易引起人们的注意。

在妇科、儿科的后面，卷六上、卷六下就是人体各种特别感觉器官耳、眼、鼻、喉、口腔等疾病。卷七至卷十则讲述了诸风、伤寒所致疾病的诊断治疗。卷十一至卷二十，孙思邈根据五脏(心、肝、肺、脾、肾)，六腑(小肠、胆、大肠、胃、膀胱、三焦)的病症分别叙述。卷二十一至卷二十五，对一些杂病，像消渴、水肿、外科痈疽、急救等等进行了讲述。卷二十六、卷二十七，论述了食疗及养生。卷二十八至卷三十阐述了号脉诊断疾病、经络走向以及如何用针灸的方法治病。

《千金翼方》共三十卷，卷一到卷四是专门研究药物的文献。孙氏按《新修本草》之例，分玉石、草、木、人兽、虫鱼、果、菜、米谷、有名未用等 9 类，记载了 1105 种（其中附药 272 种）药物的性味、功能、主治、别名、产地及处方、采药等内容。特别在药物的采集、种植、炮制、贮藏等方面，都有系统的论述。

《千金翼方》一书中用四卷（卷五—卷八）篇幅对妇科疾病的诊断治疗做了详细的论述；用两卷（卷九、卷十）叙述了伤寒疾病；卷十一阐述了小儿的疾病，卷十二谈到了养性。相比《备急千金要方》，在《千金翼方》中增加了辟谷（卷十三）、退居（卷十四）、补益（卷十五）、中风（卷十六、卷十七）、杂病（卷十八—卷二十）、万病（卷二十一）、飞炼（卷二十二）、疮痈（卷二十三、卷二十四）、禁经（卷二十九、卷三十）。在卷二十五至卷二十八中，对脉象诊断及针灸治疗疾病做了论述。因此说，《千金翼方》对《备急千金要方》做了更深的论述和补充。

孙思邈在《千金方》中把许多杂症都概括于脏腑、虚实、寒热之中，从而立方遣药。同时，这部著作中内、外、妇、儿、五官、针灸、营养各科无所不包，并都初具规模，这对以后临床医学的分科发展，大有促进作用。

孙思邈与《千金方》

三、《千金方》的贡献

（一）《千金方》对内科学的贡献

在内科病的治疗方面，孙思邈有着丰富的临床经验。

据《备急千金要方》记载，有一位妇女患半身不遂，卧床三年不起，孙思邈用了一种药酒给她治疗，吃后就恢复了健康。唐代武德年间，有一个有名的尼姑净明患霍乱日久，一日犯一次或两次，发作时痛苦异常。当时朝内的名医都治不好。孙思邈按霍乱治疗，用"治霍乱使百年不发丸方"就治愈了。

孙思邈对消渴病在《备急千金要方》卷21中有专节的论述，孙氏指出消渴的病因是"积久饮酒""咀嚼酱，不择酸咸""积年长夜酣兴不解"。在对消渴的治疗方面提出，治疗方药常用栝楼根、生地、麦冬、知母葛根等滋阴清热之品，若肠胃实热，则用大黄、黄连、石膏、龙胆草、黄芩等以清热；若肾气不足，则配伍干地黄、苁蓉、菟丝子、山茱萸、巴戟天、五味子等以补肾。

孙思邈还常用猪肚、猪肾、羊肺、羊肾、牛羊脂、乳酪等血肉有情之品，来生精补髓。除药物治疗外，他还特别强调控制饮食和饮食疗法，孙氏还指出消渴病人，常易在大骨节间并发痈疽而死，所以一定要防止痈疽的产生，应当常备痈疽药加以预防治疗。他指出预防的注意点，"所慎者有三，一饮酒，二房室，三咸食及面"。这些论述与现代的观察和介绍完全一致，是非常科学的。

（二）《千金方》对药物学的贡献

孙思邈的故乡是以盛产药材而著名的，他的足迹遍及各大名山，积累了丰富的采药和制药经验。他特别强调，采药必须注重时节。他详细记述了233种药物的采集季节，说明何时采花、采茎、采果，并列举出680种常用和常见的药物，建议人们随时采集，以备不时之需。其次，他认为，采药必须弄清产地。故在书中记载了当时133个州所产的519种地道药材，如关内道的雍州出的柏子仁和茯苓、河南道的陕西出的栝楼、河东道的绛州出的防风、河北道的幽州出的人参、山南东道的唐州出的鹿茸、淮南道的扬州出的白芷、江南东道的泉州出的干姜、江南西道的朗州出的牛黄、河西道的凉州出的白附子、岭南道的广州出的决明子等，充分说明了道地药材的价值。

孙思邈很注重药物的炮制。《千金方》中的药物不仅在数量上有了很大增加，而且对质量亦有了更高的要求。他丰富和发展了乌头、附子等有毒药物的炮制理论和方法。如对乌头、附子的炮制，孙思邈指出，此物大毒，炮制的时候，要将它去皮熬黑，这样才能去除毒性，用于临床。另外，他将地黄分为生地黄、熟地黄，记载了熟地黄采用"九蒸九晒"的炮制方法，一直沿用至今。

孙思邈还十分讲究药物的栽培方法，对20多种常用药物，从择地、选土、翻地、作畦、下种、灌溉、施肥、移栽、锄草直至收采，无不一一详细记录。可见他对药用植物的栽培，从野生变为家种，作出了巨大贡献。孙氏又是最早提出"药藏"的人，他说："平时可以贮藏一些药物，以备不时之需。"他对药物的贮藏保管，防潮、防鼠、防霉的措施和所用器具等都详加记述，甚至对大量贮藏药物的库房建筑、药柜的规格都提出了严格的要求。

孙思邈十分重视民间用药经验的收集整理。李时珍在《本草纲目》卷26中，曾引录曰："孙真人云……俗言上床萝卜，下床姜，姜能开胃，萝卜消食也。"孙氏用民间流行的歌曲论述生姜、萝卜的药用功效，既生动，又简明。

（三）《千金方》对方剂学的贡献

药物固然能治病，但必须按照一定的原则，把药物配伍成一定的方剂，才能更好地发挥治疗作用。

孙思邈对药物学、方剂学研究方面倾注了大量的心血。从药物的采集、炮制到性能认识，从方药的组合配伍到临床治疗，孙思邈无不深思熟虑，在《千金方》中渗透了自己数十年的临症心得。其中《备急千金要方》载方6000多首，而《千金翼方》载方近3000首。

《千金方》中记载的药方有历代医家流传下来的，有民间征集的，有从西域、印度等地输入的，包括了古今中外的医方，所搜集的药方有复方、单方，也有民间草药。如仲景的麻黄汤、桂枝汤、华佗的云母圆方、王乔的健身方、齐州的荣姥方、常山的太守马灌酒等。记载了用白头翁、苦参子、黄连等中草药来治疗痢疾，用常山蜀漆等治疗疟疾，以槟榔治疗绦虫病等。这些药物一直沿用至今，并被现代科学证明为有效的方法。

在《备急千金要方》卷一"序例"中，孙思邈提出药固能治病，但临症处方，必须按照"君臣佐使"的原则，把药物配伍成特定比例的方剂，才能更好地发挥其治疗的效能。并强调医生还要了解药性的相反相畏，强弱好恶，否则，杂凑成方，不但不能愈病，反会加重病情。他主张组方用药要"临事制宜"，强调因症立方；处方应根据病情加以增损，剂量也随病情的轻重而随之进退。他还指出，人有男女老幼之别，天地有南北燥湿之异，因此处方用药，务必要"临事制宜，随病增减"，也就是要随机应变，随病情加减用药。

孙思邈强调，对前人的方剂不要照搬照抄，而要灵活运用，化裁创新。所以他在方剂的应用上就很有建树，如将仲景的真武汤与附子汤合方治疗寒湿痹症，而不限于水气病；治霍乱吐利，他以仲景理中丸为基础，寒甚者加炮附子，以补火暖土；治胃寒呕哕，以仲景小半夏汤为基础，哕甚者加竹茹、橘皮、紫苏、炙甘草，以增其和胃止呕之效；饮邪上逆致呕者，则加茯苓、桂心以增强温化寒饮之功。治妇女胞宫寒冷，气滞血瘀而致月经不调，四肢冷痛，不孕等症所用的荡胞汤，则是仲景桂枝茯苓丸加入炮附子、细辛、大黄、厚朴、橘皮、

当归、牛膝、水蛭等药组成，于活血化瘀之中，加入温经理气之法，切中病机。治妇人产后烦闷不解的淡竹茹汤，则是仲景治疗脏躁的甘麦大枣汤加入淡竹茹、麦冬、生姜而成，以增其除烦宁神之功。在孙思邈《千金翼方》卷十五"补益"中的不少配方，多是从仲景理中丸、肾气丸为基础化裁而来。如治胃气不足、心气弱、腹中寒冷绞痛、吐利宿汁所用的胃胀

汤，即是仲景理中丸去白术，加橘皮茯苓而成；治诸虚的十味肾气丸，即是仲景肾气丸加芍药、元参而成。

孙思邈不仅善于化裁前人的验方，而且按照方剂的组方原则研制出许多应验的良方，像著名的犀角地黄汤、紫雪、独活寄生汤、小续命汤、苇茎汤、温胆汤、温脾汤、磁朱丸、枕中散、驻车丸等，这些疗效卓著的方剂，至今仍在临床被广泛运用。

孙氏组方的用药有独到之处，《备急千金要方》收载的6000多首方剂中，药味多者近百味，少则一味。多的为适应复杂病证，是由数方合成的复方；少的为针对病原的主药，系直捣病巢之单方。有的复方则由针对病原的主药主方和其他随症治疗的方药组合而成，如治疗疟疾之常山、蜀漆为主药，配合其他针对虚、实、寒、热症候的对症药物组方；治疗痢疾以黄连为主药，依据痢的寒、热、虚、实，加上适当方药的配合，这种以特效疗法结合整体疗法的临床治疗，是提高临床疗效的一个重大创造。有的复方是把古方、经验方、单方融为一体，古方的严谨、经验方之灵活、单方的特效兼而取之，如治热毒痢的三黄白头翁汤就是在仲景白头翁汤的基础上，加升麻、犀角解毒，苦参、石榴皮、桑寄生治痢，艾叶、甘草和中止痛。孙氏创造的复方中，还有一个显著特点是上下、表里、寒热、补泻、通涩等药并用之方较多。如驻车丸中，黄连与干姜，寒热并用；温脾汤中，人参、附子、干姜与大黄，寒热并用，攻补兼施；独活寄生汤中，用大量祛风、胜湿、散寒药的同时，以人参、茯苓、当归、芍药、地黄、川芎益气血，杜仲、牛膝补肝肾，攻补兼施。

正是由于孙思邈在药物学、方剂学方面的突出贡献，人们信服他、尊重他，尊称其为"药王"，并把他常去采药的五台山称之为"药王山"。山上建有一座举世闻名的"药王庙"，庙中供奉着孙思邈的塑像。千百年来，香火兴盛不衰，一代代善男信女对其虔诚得顶礼膜拜，充分说明了后人对这位伟大医药学家的崇敬和爱戴。

（四）《千金方》对传染病的贡献

孙思邈对传染病的认识、防治及护理，也有较突出的创新。他提出处方用药必须结合水土、气候及患者的体质、性别等；无论男女老幼，必须询问清楚，这样处方用药就不致发生差错。

孙思邈发展了《伤寒论》的学术思想，在承认寒邪致病的同时，又提出"瘟疫者，乃天地变化之异气"及"瘴疠""温气""热毒""毒气"等病因学概念。早在吴又可之前就提出了"疫毒"是传染病的主要病源。他对临床治疗的主张，是"胆欲大而心欲小，智欲圆而行欲方"。

孙思邈认为霍乱病"皆因食饮，非关鬼神"。描述霍乱的主要症状为吐利、头痛、转筋、肢冷等，并忌与米饮。他认为痢疾分为热痢、冷痢、疳湿痢、小儿痢，在分症论治治疗痢疾广泛应用黄连、苦参、白头翁，在治疗痢疾共有58个方中，其中31个方中用到黄连，黄连的解毒杀菌的药理作用已被现代医学所证实，孙氏自创的治疗痢疾的方剂名为驻车丸，方由黄连、当归、阿胶、干姜组成，有清热和血、滋阴止痢的作用，至今被医者所用。

在用药的同时，孙思邈还善于使用针灸疗法治疗传染病，在"针灸"卷中使用针灸治疗多种传染病如合谷、大椎治疗发热；足三里治疗霍乱；灸脾俞、丹田、关元治疗痢疾等，针灸治疗传染病具有创新性，为后世治疗传染病奠定了基础。另外，孙思邈还介绍了预防传染病的方法，如井水消毒法、空气消毒法和利用雄黄、朱砂作消毒用品，预备成药以备仓促急需等。有趣的是，一只蒜头竟可解百毒，成为预防痢疾肠炎的良方。

很早以前，大蒜只能作为食用，不可当药用来防病治病。有一天，孙思邈在出诊途中，因天气相当炎热，刚坐在树荫下休息，只见一条毒蛇从老百姓的菜园里钻出来，并一下扑入路边的水井里。不大一会儿，从前边路上走来一个挑夫，挑着一担重重的货物，额头上的汗水如雨点一样，直往地上掉，背上的

衣服也被汗水浸湿了，面颊通红，边走边喘着粗气，走过井边时，他看到清凉的井水，急忙放下肩上的担子，朝水井边走去。

孙思邈见他要去饮井水，忙站起身来摇摇手说："那井水饮不得，水中有毒！"挑夫转过头来，把孙思邈从头到脚打量一番，见他穿着破旧，其貌不扬，像个叫花子似的，便没有理他，三步并作两步走到井边，用手捧起井水

喝。孙思邈怕挑夫喝了有毒的井水而发
生瘟疫，影响赶路，立刻走进菜园里，
拔了一只大蒜头，走过去对挑夫说："吃
了这个蒜头吧，蒜头可解百毒!"

挑夫见孙思邈如此关心他，只好接
过大蒜头削去蒜皮儿，将蒜瓣放进自己嘴里嚼食。说也奇怪，这个挑夫不仅没
有因饮了有毒的井水而发生中毒，且在整个夏天，也没有发生过一次腹痛、腹
泻的疾病。他心里暗自想着途中遇上的那个人，肯定不是一般人，说的话才会
那么有准。从那以后，大蒜就被用来防止痢疾、肠炎、霍乱等一类瘟疫，得到
大家的信赖；直到今天，民间仍流传着"夏秋季节常吃蒜，肠炎痢疾不易犯"
的谚语。

（五）《千金方》对妇、儿科的贡献

在封建社会，为妇产、小儿独立设科而刻苦钻研、贡献终身精力的，要首
推孙思邈。

孙思邈在《千金要方》开卷之首，先列"妇人""小儿"，单独成卷。他认
为："如果没有小儿，就不会有大人，从小到大，这是自然规律。"而妇女妊娠
胎产，担负着养育后代的重任。鉴于妇女有胎、产、经、带、前阴、乳疾等特
殊病症，他认为："妇人之病，比之男子十倍难疗。"由于妇女与小儿生理上的
特点，不同于男性和成人，因此在治疗上必须设置专科。这是祖国医学上的巨
大进步，这一创举为妇、儿科成为专科奠定了基础。

孙思邈从心理学的角度描述了妇人疾病与情志有密切的关系，还精辟地论
述了妇女整个产程不同阶段应注意的事项，还介绍了"逐月养胎方"和胎教及
其营养与禁忌，指出了产前、临产、产后的调护和疾病预防，并主张妇女在怀
孕期间要节制嗜欲，调养性情，避免受惊。临产时不要忙乱紧张，接生者及旁
人须保持镇静，不能显示出惊恐或面露忧容，否则会引致难产的发生，切忌只
关心生男生女。这充分体现了孙思邈为保证生命的降临、母婴平安而考虑得是
何等周全。孙思邈认为产后失慎，是导致多种疾病的原因，甚至使病情重笃，
因此，产后护理、调养极为重要。

孙思邈还说："凡人无子，当为夫妻俱有五劳七伤、虚羸百疾所致。"指出夫妻双方的体质与疾病，皆可成为不育(孕)症的原因，这在一千多年以前夫权思想极为严重的封建社会，有如此科学认识，是难能可贵的。古时总是把不孕不育归咎于妇女，导致很多妇女命运悲惨，孙思邈一说无疑是为古代妇女平了一大冤案。

孙思邈对治产难方、去胎方、逆生方、催乳方、产后虚乏、产后虚损、产后恶露等方药和针刺、按摩方法治疗，均有详细的阐述。在临床实践中，孙思邈的妇科医疗技术也十分高明，民间广泛流传着他治活妇女并让她顺利产下婴儿的故事。还有一个妇女，患眼痛病，许多医生只着眼于眼痛，有的用寒药，有的用补药，都不见效。孙思邈询问了病史，给患者把过脉以后，发现肝脉弦滑，是因为年壮血盛，肝血不通。就问这妇女月经怎么样。一问才知，该妇女已经三个月没来月经了。于是孙思邈就用通经药为她治疗，果然，月经一来，眼痛病也就好了。

孙思邈对儿科也有很大的贡献。他总结了7世纪以前的儿科知识，在他的《千金方》中载儿科用方322首。孙思邈认为延续人类生命，应以培育幼苗为主。他非常珍视婴幼儿的健康成长，从小儿始生，按其生理特点出发，一一论述了新生儿的护理、哺乳、保健、疾病及其外界接触、洗澡、穿衣等等。婴儿出世后，要立即擦去小儿口中的污物，防止窒息等等。他对小儿的发育也作了非常的观察和记载。比如小儿牙齿的生长，什么时候能翻身，爬行，站立和走路等，都和现代研究相当接近。

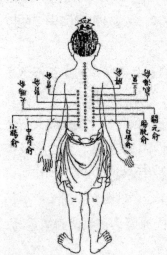

更为可贵的是，孙思邈还主张小儿衣着要软，不宜过厚，应该常晒太阳，呼吸新鲜空气。他对乳母的条件、哺乳时间、次数、乳量及哺乳卫生常识和小儿护理的方法，也都作有正确详细的记载。这些道理是符合当今婴幼儿疾病预防与诊治的独特创见。孙思邈还把小儿分为初生、惊痫、客忤、伤寒、咳嗽、癖结、胀满、痈疽、瘰疬、杂病等九门，是我国医学史上最早的儿科专著，具有一定的科学性，对临床实践有一定的指导作用。

由于孙思邈创造性地继承了前人在妇产科和小

儿科方面的成果，不仅推动了后世医家对妇科和儿科的继续研究，也给妇产科和小儿科的独立和专门著作的出现打下了良好的基础。

（六）《千金方》中的急救治疗技术

孙思邈在《千金方》中记载了急救方法有竹筒人工呼吸法，针灸间使、人中等穴位，灸手十指爪下法，通关取嚏法、灌肠法等，对猝死病人救治的针灸法达 10 首，治法 77 种，方药 45 首。

孙思邈大胆创造，采用葱管配合猪胆汁，这种食物疗法，治愈不少闭结病，在当时被认为是一种神术，是凡人难以做到的事情。据传说，有一天，孙思邈被人请进一农户家中，为一个男病人治病。见患者在室内走来走去，辗转不安。孙思邈为这个男病人一切脉，发现脉紧数，察面色青紫，验腹部见下腹膨隆，扣之实硬而微痛，一问病史，半天都未小便了。他认定是闭结症，忙取出金针，选好穴位，进行针制治疗，但治疗结果只滴了几滴尿液，仍无济于事。为了解除病人痛苦，他嘱咐家人找来了猪苦胆一个，大葱一根。然后挑了一支小葱管，从患者的尿道口插入，尿液从葱管内刷刷地流了出来，不大一会儿，患者小腹就不痛了；接着孙思邈又将备好的猪胆汁，从葱管内滴了进去，这样就彻底解除了这个男病人的痛苦。患者家人要以重金酬谢孙思邈，被他拒绝了，只收了很少的钱。患者一家人深受感动，逢人就夸孙郎中医术好，无私救济百姓。

（七）《千金方》对五官科与美容方面的贡献

孙思邈在美容面药和皮肤保护方面的记载，内容极为丰富。正如孙思邈说："西脂手膏，衣香澡豆，仕人贵族，皆是所要。然今之医门极为秘惜，不许子弟泄漏一法，至于父子之间亦不传示。然圣人立法，欲使家家悉解，人人自知，岂使愚于天下，令至道不行，拥蔽圣人之意，甚可怪也。"故他德高行良，处方法制，著之于书，布行天下，是开创我国唐代以后美容护肤新风的第一人。

孙思邈将"面药"在《千金方》中列专章专节，有论有方，条分缕析，载

孙思邈与《千金方》

述之详，处方之多，均为唐以前医籍典书所未见。所谓美容面药，就是具有悦泽人面，使人白净，去皱防皱，滋养肌肤的作用，并可祛除面部黑斑、雀斑和治疗粉刺、面疱、各种癣症等皮肤病的方剂与药物。他的"面药"在遣药立方上将祖国医学理论灵活运用于美容的研究和皮肤诸病的防治。

　　孙思邈对于美容方药的使用，不仅具有科学性，而且经过千百年来历史的考验，也得到了现代科学实验的证实，对后世的美容类方剂著作影响很大。例如：御医为慈禧、光绪开的两个"令发易长方"，分别用"东行枣根"及"桑叶、麻叶"，这两方均见于《千金要方》卷十三。慈禧太后所用的"加味香肥皂"和"沤子方"的美容剂与"加减玉容散"等方，所用麝香、白僵蚕、丁香、檀香、零陵香、白芷、茯苓、细辛、白附子等，均属《千金方》美容剂常用或较常用药物。例如："猎胰"为孙思邈常用的面药之一，过去广大群众普遍使用。现代科学已证明，猪的胰脏含有多种消化酶，可分解脂肪和蛋白质，故可去垢除污，并且由于酶的作用，可使皮肤滋润，防皱防老，对美容大有裨益。

　　孙思邈美容面药和皮肤保护在《千金要方》卷六《七窍病·面药第九》列方81首；《千金翼方》卷五《妇人·面药第五》列方39首；又于《千金翼方》卷一《药录纂要·用药处方第四》"悦人面"列药名9种，总计除其重要者外，共105首。其中用来润泽面容的有面脂、面膏、面药、藻豆等，用来防治疾病美容的有生疮、香身、防腋臭、生发、白发变黑等治疗方法。例如钟乳泽兰丸可以满足妇人欲求美色不老的愿望，并指出该药服用"年至七十，与少不殊"，这些防老方和面药多是价值极高的妇女防老美容的方药。对后世美容护肤的发展起到了重要的推动作用。

（八）《千金方》对针灸学的贡献

　　在深入钻研祖国医学中，孙思邈感到前代针灸混乱，因此他不得不重新整理。孙思邈认为，取准穴位是针灸治疗的重要环节。于是他遍查古代针灸图经，反复考证，最后以甄权所撰《针灸钞》(快)为蓝本，并结合自己的临床经验，绘制了按部位分经的彩色《明堂经图》三幅，"其十二经脉，五色作之，奇经

中医大家与中医著作

八脉，以绿色作之，仰人二百八十二穴，背人一百九十四穴，侧人一百七十四穴，穴名共三百四十九单穴"。可惜的是，这三幅彩色明堂图已经失传了。但他在《千金要方》卷29中记述了这三幅图的详细内容，成为我国针灸著作中用彩色绘图的创始人。

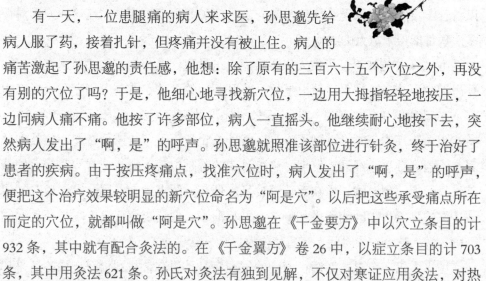

另外，孙思邈还发现了"阿是穴"。据说，孙思邈是在为病人针治疾病过程中发现"阿是穴"的。

有一天，一位患腿痛的病人来求医，孙思邈先给病人服了药，接着扎针，但疼痛并没有被止住。病人的痛苦激起了孙思邈的责任感，他想：除了原有的三百六十五个穴位之外，再没有别的穴位了吗？于是，他细心地寻找新穴位，一边用大拇指轻轻地按压，一边问病人痛不痛。他按了许多部位，病人一直摇头。他继续耐心地按下去，突然病人发出了"啊，是"的呼声。孙思邈就照准该部位进行针灸，终于治好了患者的疾病。由于按压疼痛点，找准穴位时，病人发出了"啊，是"的呼声，便把这个治疗效果较明显的新穴位命名为"阿是穴"。以后把这些承受痛点所在而定的穴位，就都叫做"阿是穴"。孙思邈在《千金要方》中以穴立条目的计932条，其中就有配合灸法的。在《千金翼方》卷26中，以症立条目的计703条，其中用灸法621条。孙氏对灸法有独到见解，不仅对寒证应用灸法，对热证也适当施灸。他还用灸法预防疾病，此外，《千金翼方》卷10记载的灸膏肓、足三里治疗疑难病等，都是很有价值的创见。

孙思邈在医疗实践中强调针灸处方也须辨症施治，他认为，有的疾病须针刺几十个穴位才可以治愈，而有很多病针刺一个穴位，就能得到很好的疗效，在临床应用时，一定要仔细辩症，斟酌施针。

特别值得提出的是，孙思邈在治病过程中，非常重视针灸并用、针药并用，借以提高疗效。他认为，会用针而不会用灸，用灸而不知用针，都不是好医生；会针灸而不会用药，会用药而不会针灸的，就更不是好医生。所以在他的治疗活动中，根据病情的需要而较广泛地应用了针、灸结合，针、药结合的办法。孙思邈提倡的这种办法之所以宝贵，不仅是因为它提高了疗效，还在于它丰富了综合治疗的先进经验。

(九) 《千金方》对营养病学的贡献

孙思邈在《千金要方》中曾专门记载过食治法，并且强调使用药物治病并不是最理想的，如果适当的采用食治法，既能愈病又不伤正气，是一种值得推行的好方法。

孙思邈一生中，大多数时间生活在山区，而山区人民的生活比较贫穷，所以营养不良和营养缺乏病比较常见。由于他关心群众的疾苦，在这一方面对很多疾病都取得了重大的成就。

维生素A的缺乏，可使人患夜盲症，这是现代人都知道的，但远在唐代的孙思邈并不知道这回事。他只是根据补肝明目的理论，首创应用含有大量维生素A的动物肝脏，如羊肝、牛肝等来治疗这种疾病。那时，山区的老百姓中，有的人白天视力正常，一到了晚上，就什么也看不见了，感到奇怪，便找到孙思邈诊治。孙思邈经调查发现，患这种病的都是穷苦人家，他看到穷苦百姓劳苦终日，得不到温饱，更缺乏营养食品。他想到医书中有"肝开窍于目"的说法，又想到五台山区的飞禽和野羊、野猪很多，便让夜盲症病人吃捕获动物的肝脏。病人吃上一段时间，夜盲症便慢慢地好转了。

世界上第一个眼科疾病夜盲症的发现者是孙思邈，找到治疗方法的还是孙思邈。这在世界医学史上是一个重大发现和突破。

另外，孙思邈所记载的瘿病就是现在所说的甲状腺肿大，它是由于饮食长期缺乏碘质所致的。孙思邈常年隐居山区，钻研医学，为山区人民解除疾病的痛苦，他发现久住山区的人很容易得大脖子病，脖子前面长出一个大瘤子来。

孙思邈想：人们常说，吃心补心，吃肝补肝。能不能用羊靥治疗大脖子病呢？他试治了几个病人，果然都治好了。对于因碘质出现甲状腺肿大的病人，他不仅选用含碘量较高的海藻、昆布等药物进行治疗，更提出了应用羊、鹿的甲状腺来治疗，现在知道，在这些动物的甲状腺内都含有丰富的碘质，这对缺碘性甲状腺肿大的病人无疑是有疗效的。

尤足称道的是，孙思邈还提出了脚气病的预防和治疗方法。除了应用防风、蜀椒、吴茱萸等药物来治疗脚气病之外，还主张把楮椿皮煎成汤，再以这种汤煮粥，经常食用，来预防脚气病的发生。在当地有几家富人找他看病，他看到病人身上发肿，肌肉疼痛，浑身没劲，孙思邈诊断为脚气病。他想："为什么穷人得的是夜盲症，富人得的是脚气病呢？这很可能也和饮食有关系。"他比较了穷人和富人的饮食，富人多吃精米白面，鱼虾蛋肉，而穷人多吃五谷杂粮，他仔细一分析，粗粮内夹杂着不少米糠麸子，精米白面把这类东西全去掉了。他估计：脚气病很可能是缺少米糠和麸子这些物质引起的。于是他试着用米糠和麦麸来治疗脚气病，果然很灵验，不到半年，周围几家富人的脚气病都陆续治好了。后来，他还发现用杏仁、吴茱萸等几味中药也能治好脚气病。

现代医学已经使我们了解到脚气病就是人体内缺少维生素 B1 所引起的，而孙思邈所用的这些药物及楮椿皮内均含有大量的维生素 B1。孙思邈对这种病的认识以及所提出的正确的治疗、预防方法，比 1642 年在欧洲第一次论述脚气病，早了整整十个世纪，这不能不使全世界为之叹服。

孙思邈与《千金方》

四、《千金方》的养生方法

（一）孙思邈《千金方》中的养生观

《千金方》在食疗、养生、防老方面作出了巨大贡献。孙思邈能寿逾百岁高龄，就是他在积极倡导这些方面的理论与其自身实践相结合的效果。孙思邈的辉煌成就，使他生前就受到了人们的崇敬，人称"药王""真人""药圣"，隋唐两代都很器重他，知名人士亦多对他以礼事之。孙思邈活到101岁仙逝，在那个动荡的年代，孙思邈的长寿显然是和他高超的医术和独到的养生知识分不开的。

孙思邈认为，重视公共卫生和个人卫生，可以防止疾病，促进健康。他曾介绍用苍术、白芷、丹砂等来消毒的方法，以防止疾病的传染。他主张肉食一定要煮烂再吃。不要吃生菜、生米及陈臭物。他提倡注意饮食洁净和饮食节制。为了防止口腔牙齿疾病，他提出饭后一定要漱口，这样会使牙齿坚固和防止口臭。

孙思邈的养生特点，正如他所说：虽然常吃有营养的东西但不懂得养生的道理，也是很难长寿的。养生的道理，就是要经常活动，但不要超过限度，活动能帮助食物消化，使血脉流通，这样就不易发生疾病，这和门的转轴不容易朽蛀是一个道理。

孙思邈称"养生"为"养性"，非常重视"养性"之术，所以他能享逾百年之寿，成为我国历史上著名的医学界名寿星。在保健延寿方面，他积累了丰富的经验，并把它写入《千金要方》的"养性""食治""退居"诸卷之中。孙氏提出的养生防老要点有：

1. 节欲保精，修养精神：精、气、神是人身三宝，是祛病延年的内在因素。孙思邈将人比喻为一盏灯，精、气、神喻为灯中之油膏，生命活动如同灯火之烛光。如果灯芯用"火炷"，则油耗灯熄较快，人的寿命就短；如果灯芯用"小炷"，则油耗灯熄较慢，人的寿命自然延长。一个人活着就是生命的火焰持续地在燃烧中，怎样使自己生命之灯火持久，从而达到长寿呢？孙思邈认为调节保护"三宝"是极为重要的要秘之一。必须将精、气、神的损耗减少到最低限度，才能增加寿命，因此，他认为保精养神是养生的主要方法。

2. 饮食清淡，节制酒肉：经常食用膏粱肥甘厚味，常是导致多种疾病发生的重要原因。孙思邈主张饮食清淡，少吃肉，多吃米饭及蔬菜，主食以大小麦面、粳米等为佳。不能暴饮暴食，吃饭要细嚼慢咽，不能吃生肉，夜里不能过饱过醉。

3. 常欲小劳，导引按摩：孙思邈强调人体离开了劳动和运动，气机就会不得安于其处以致塞滞。因此，他主张"养性之道，常欲小劳，但莫大疲及强所不能堪耳"，人如果多做运动的话就会远离百病。生活起居要有规律，每餐之后要行百步走，平时适当作健身体育运动。孙思邈还总结了多种运动保健的方法，如叩齿吞津法、黄帝内视法、吐纳法、呵气法、摩耳面法、天竺国婆罗门法18势、老子按摩法49势等。他告诫健康人，不要以为身体健康就不加注意，平时就应该居安思危，坚持运动，以达到预防疾病的目的。

4. 身数淋浴，食毕漱口：孙思邈注重养成良好的卫生习惯，如衣着要勤洗换；要经常淋浴，使身体洁净；于气候和畅之日，到户外散步呼吸新鲜空气；不吃生腐食物；冬天睡眠时不要盖住头部，不要在头前置放火炉等等。他还指出人应当养成不随地吐痰的习惯，不能过于放纵情欲，饭后必须要漱口，不能立即就睡卧，要经常散步。孙思邈提出的这些意见，在今天看来，还是非常正确而符合科学原理的。

5. 服食饮水，防病延年：孙氏总结了许多"服食"以预防疾病的方法。所谓"服食"，就是长期服用补益和祛痰药物，以期防病延年。如《千金要方》卷27"养性"中，"服食法第六"指出：在春天服用小续命汤五剂以及各种补益的散剂各一剂；夏天热的时候，服用肾沥汤三剂；秋天服用黄芪一类的药物一两剂；冬天服用药酒两三剂，一直喝到立春。人们如果能终生使用这种方法，就会百病不生。除此之外，孙思邈还列有服食方22首，其中地黄方、黄精方、天门冬方等均属补益类药物，有一定的抗衰老作用。孙思邈还介绍了"服水"方法。认为水可以涤荡滓秽，可以浸润焦枯。所谓服水法，就是在天晴日出时，以瓦器贮水三杯，每杯一升。面向东立，扣齿并鸣天鼓三通，然后服水一杯，饮时须细细而缓、专心注下，服后徐行，如此三遍。孙思邈认为，凡年纪10岁以上、80岁以下的人，均可终身行此法，以防病延年。

孙思貌的这些观点，是符合现代科学要求的，对预防疾病，促进健康有着极为重要的意义。孙思邈把养生和防治老年病结合起来的思想和实践，在我国养生保健史上是领先的，这比西方罗杰·培根写的《老年人的治疗和青年人的保护》一书，早了六百余年。

（二）药王孙思邈的养生法

孙思邈认为，人如果想得到一个健康的体魄，经常地做一些保健运动是很有必要的，因此，他有很多简便而常用的养生方法，现在向大家简单介绍几种：

发常梳：将手掌互搓36下令掌心发热，然后由前额开始扫上去，经后脑扫回颈部，早晚各做10次。因为头部有很多重要的穴位，经常"梳发"，可以防止头痛、耳鸣、白发和脱发。

目常运：合眼，然后用力睁开眼，眼珠打圈，望向左、上、右、下四方；再合眼，用力睁开眼，眼珠打圈，望向右、上、左、下四方，重复3次。这样做有助于眼睛保健，纠正近视。

齿常叩：口微微合上，上下排牙齿互叩，无需太用力，但牙齿互叩时须发出声响，做36下。可以通上下颚经络，保持头脑清醒，加强肠胃吸收，防止蛀牙和牙骨退化。

漱玉津（唾液）：口微微合上，将舌头伸出牙齿外，由上面开始，向左慢慢转动，一共12圈，然后将口水吞下去。之后再由上面开始，反方向做12圈。从现代科学角度分析，唾液含有大量酵素，能调和荷尔蒙分泌，因此可以强健肠胃。

耳常鼓：手掌掩双耳，用力向内压，放手，应该有"噗"的一声，重复做10下；双手掩耳，

中医大家与中医著作

将耳朵反折，双手食指扣住中指，以食指用力弹后脑风池穴 10 下。每天临睡前后做，可以增强记忆和听觉。

面常洗：搓手 36 下，暖手后上下扫面。这个动作经常做，可以令脸部肌肤红润有光泽，而且不会有皱纹。

头常摇：双手叉腰，闭目，垂头，缓缓向右扭动，直至恢复原位为一次，共做 6 次，反方向重复。经常做这个动作可以令头脑灵活，防止颈椎增生。不过，注意要慢慢做，否则会头晕。

腰常摆：身体和双手有韵律地摆动。当身体扭向左时，右手在前，左手在后，在前的右手轻轻拍打小腹，在后的左手轻轻拍打"命门"穴位，反方向重复，做 50—100 下。这个动作可以强化肠胃,固肾气,防止消化不良、胃痛、腰痛。

腹常揉：搓手 36 下，手暖后两手交叉，围绕肚脐顺时针方向揉。揉的范围由小到大，做 36 下。可以帮助消化、吸收、消除腹部鼓胀。

摄谷道(即提肛)：吸气时，将肛门的肌肉收紧。闭气，维持数秒，直至不能忍受，然后呼气放松。无论何时都可以练习。最好是每天早晚各做 20-30 次。相传这动作是"十全老人"乾隆最得意的养生功法。

膝常扭：双脚并排，膝部紧贴，人微微下蹲，双手按膝，向左右扭动，各做 20 下。可以强化膝关节，所谓"人老腿先老，肾亏膝先软"，要想延年益寿，就应由双腿做起。

脚常搓：右手擦左脚，左手擦右脚。由脚跟向上至脚趾，再向下擦回脚跟为一下，共做 36 下，两手大拇指轮流擦脚心涌泉穴，共做 100 下。脚底集中了全身器官的反射区，经常搓脚可以强化各器官，治失眠，降血压，消除头痛。

常散步：挺直胸膛轻松地散步，这时最好心无杂念，尽情欣赏沿途景色。民间有个说法："饭后百步走，活到九十九。"这么说虽然有些夸张，但饭后散步确实是对健康长寿有很大益处。

五、《千金方》对后世的影响

    孙思邈的《千金要方》和《千金翼方》丰富了祖国医学的宝库，对后世医学影响很大。《千金要方》自元代刻印本到1955年人民卫和出版社刊印本为止，六百多年间共刊刻影印29次，约20年刊刻一次。如果将孙思邈的《千金翼方》《千金宝要方》《千金方衍义》《海上方》等著作的刊刻影印都算进去，那么六百多年间共刊印近百次，约不到六年即刊印一次。也就是说，从元代以来，每不到六年就有一种孙思邈的著作翻刻印行并发行于国内外。像孙思邈《千金要方》这样几十万字的方书如此频繁的刊印，在历史上是非常罕见的。后历代医家在医学上的研究，多引用或摘取《千金方》中的内容。

    另外，孙思邈所介绍的方剂效果也非常好。据明代楼英的《医学纲目》记载，1560年间，楼英家中有一妇人，梦见两个男仆一前一后地向她走来，手里还拿着东西，前者说"到了"，后者也连连答应说"到了"，接着就听到轰轰的声音，妇人随之从梦中惊醒。醒来后感到心前区疼痛难忍，昏了这去。楼英很着急，但他的治疗效果不大。后来想起孙思邈《千金要方》中的太乙神精丹能治疗此病，便找来三粒给病人服下。不久，病人就清醒过来了，心前区的疼痛也消失了。此后每当犯此病时，就服上几粒太乙神精丹，病症就消失了。

    《名医类案》记载：北宋时期有一位姓郝的妇女，患产后风痉症，产后第四天，突然项背强直，四肢抽搐，角弓反张。有一位医生用《千金要方》中的"大豆紫汤"和"独活汤"治疗而愈。后来，这位医生的妻子产后也患此病，就

用《千金要方》中的独活汤，加吃三剂，身体就直了过来，病随即就好了。

    孙思邈所著的《千金方》，不仅对我国后世产生深远的影响，就是对国外医学也有相当大的影响。本书出版不久，就被日本友人带回日本，对日本医学的发展起到了很大的推动作用。至今仍保存在日本米泽上彬文库的《千金要方》的北宋本，一向被日本政府视为"国宝"。日本医学

家丹波康赖的后裔，著名的日本学者多纪元坚在江户时代，曾重印这本书。1974年，日本重印了北宋本的《千金要方》，由中国在日本的学者景嘉照相印刷重新编辑，由每日新闻开发公司使用宣纸印刷发行五百三十五册，很快便销售一空。

《千金方》能解救一般群众之所急，是很实用的，书中所说明的草根树皮，不用加工，原封不动便可应用于治疗。在古代中国，它就像一部家庭医学全集，包罗了人间一切疾病的治疗方法。后世的《济验良方》和《验方新编》都是以它为祖本的，只是古代的药物使用量与现代不同罢了。

六、流传千古的神话传说

由于孙思邈医术高超，一心为民，千百年来一直受到人们的尊敬和爱戴，人们尊崇他为"苍生大医"。很多地方都为他筑祠立庙、塑像进香，民间流传很多关于他的故事，有的甚至已经传为神话。这些神话无不表达了人们对孙思邈的崇敬和怀念，也足以说明孙思邈的形象已根植在人们的心中，千秋不变。

隋末唐初，有一行医者在京城长安城南为人医病后在街上行走，见有家开猪肠杂碎的小店，便进去品尝。他吃时感到泡馍腥味太大，油腻糊口，便向店主了解情况，发现经营一天所收银钱难养一家老小，生意清淡。便说："卖肠肚杂碎本钱小，好赚利，是养家糊口的好办法。但要做好，味儿要美，叫客人吃了第一碗，还想第二碗，回头再来，这样才能把生意做红火！"接着他把自己周游四方的所见所闻和如何将猪肠、猪肚进行洗、翻、刮、漂、晾等进行加工和煮肉的方法授予店主，又从自己随身带的药葫芦中取出花椒、茴香、八角、桂皮等八九种药物，开出配方，最后将药葫芦也送给店主，让他如法调配佐料。当晚，店主就按指点如法制作，不但全无腥味，也不油腻了。第二天小店里外香气四溢，顾客盈门，都赞不绝口，座无虚席，生意兴隆，店主在人们的议论中才道出了其中的奥秘，并知道这行医者就是华原人药王孙思邈。店主为了感谢药王的恩赐，就把那个药葫芦挂在店门头上，作为招牌，"葫芦头"也就由此得名。如今西安的老孙家羊肉泡、同盛祥牛肉泡、春发生葫芦头泡三家鼎足，并驾齐驱，均为三秦大地的三大名吃之一，享誉海内外。

唐代的时候，传说孙思邈为皇后治好病后，唐太宗非常高兴，就赏给他许多财物，孙思邈婉拒，唐太宗就要给他官做，他也婉拒。他挂念民间疾苦，诚

恳婉辞，唐太宗为嘉奖其德行，封他为"药王"，并赐给他朝天翘的王帽和赫黄色的王袍。这件事后来被尉迟敬德知道了，他很不服气，心想自己出生入死，百战勋功，功劳那么大都没有封王，他一个小小郎中竟得了这么

大的便宜，自己竟不如一介山野小民了，于是就去找孙思邈理论。孙思邈远远地看到敬德来了，忙把朝天翘弯了下来，将赫黄袍翻过来穿，出现一袭红缎。尉迟敬德追近，以为是着红袍的普通官员，便擦身而过。回首一望，老者对他微笑颔首，这正是药王孙思

邈。敬德原想找碴儿，此时心中不觉有点惭愧，孙思邈问："将军何事?"敬德说："请神医给我瞧瞧"。孙思邈从葫芦中倒出十八颗金丹交给敬德，说："每年五月五日服一颗，保你十八载无忧。"敬德接药道："果如先生所言，我就为你千秋站班守护。"后来敬德出征遇到了瘟疫，因为有孙思邈所赠金丹的庇护，不但没有感染上瘟疫，还打了个大胜仗。孙思邈百岁以后辞世，尉迟敬德过十八载寿终，临终时嘱咐部下将自己的像塑于药王神像之旁，为他站班守护。

　　太白山下的小山庄有一位活泼俏皮的姑娘。有一天，她在房檐下用竹竿捅马蜂窝，群蜂围着蜇她，头脸霎时被蜇得火辣辣地疼痛。眼睛、鼻子和脸肿得一样平，胀胀的脸变成圆球似的，双眼眯成一条缝，疼得大哭大叫，躺在房檐下抱着头滚来滚去。正巧，孙思邈看病路过此地，听到哭叫声，赶快来到王家，上前问道："你怎么啦? 身上哪儿不舒服?" "不!"那小姑娘说，"被马蜂蜇了。"孙思邈一看她脸上、头上肿胀起了疙瘩，果真是中了马蜂毒。可是药囊里没有治疗马蜂毒的药，怎么办呢? 他仔细地想了一下，忙叫过徒弟："你快到房后去，到阴暗潮湿的地方寻些绿苔来。"不大一会儿，徒弟采来一些绿苔交给孙思邈。他立即把绿苔揉碎，敷在姑娘的头和脸上。刚敷上不大工夫，姑娘就说凉爽、不疼了。孙思邈嘱咐她说："再接着用绿苔敷，过几天我来看看。"几天后，姑娘果然好了，她非常感激孙思邈，跪下来磕头谢恩。徒弟们疑惑不解地问孙思邈："师傅，绿苔怎么能治蜂毒呢? 哪本药书上有啊?"于是孙思邈就给他们讲了他发现绿苔能治蜂毒的经过。他说："有年夏天，我在巷口纳凉，看到蜘蛛在一棵槐树上结网，忽然空中飞来一只大马蜂，落在蜘蛛网上。蜘蛛爬过来，伏在马蜂身上，想吃马蜂肉，却被马蜂蜇了一下，蜘蛛缩成一团，肚皮肿起来了。后来，我看到蜘蛛从网上掉下来，爬到绿苔上打滚，把肚皮在绿苔上擦了几擦，肚皮就好了。它又爬上网吃马蜂，又被马蜂蜇了一下，蜘蛛又跌下去爬到绿苔上滚了几滚，擦了几擦，又爬上网跟马蜂斗架。就这样往返三

孙思邈与《千金方》

四次，后来终于把马蜂吃掉了。当时我想，马蜂毒属火，绿苔属水，水能克火，所以绿苔能治蜂毒。这次情况紧急，拿来一试，果然灵验。"孙思邈沉思片刻，又说："大虫吃小虫，强虫吃弱虫。小虫和弱虫能够活在世上，就得有护身法，这些护身法是经过多年体验后才得到的。我们当医生的人，应该留心观察、搜集、研究。"

孙思邈在治疗方面有很多奇特的方法，其实这些方法很简单，但往往能收到神奇的效果。一天，有个人来找孙思邈，说是一位妇女生下了一个已经断了气的小孩，问还能不能救活。孙思邈看那婴儿，嘴上全是污血，全身发紫，一动不动，真像是断了气。他先用干净的棉花擦去了婴儿嘴外和口中的血，又叫人取来几根大葱，用葱白轻轻抽打婴儿的身子。过了一会儿婴儿"哇"的一声哭了起来。他叫人赶快打来一盆温水，把婴儿放到盆里，揉搓他的身子，抱了起来，再把身上的水揩干。这样，没有吃药，也没有扎针，就把那个看去像"死"了的婴儿救活了。孙思邈对人解释说："婴儿生下后，淤血留在口中。肺气通畅，婴儿就没有危险了。"

一个小伙子的一只眼睛被什么东西撞了，眼睛肿得就像一个熟透的桃子，痛得他直叫。小伙子被人搀扶着来找孙思邈治疗。孙思邈一看患处已经发青，充满淤血。他认为应先排除淤血，然后再用药。但是伤患的地方在眼部，若用针挑，一不小心就会把眼球刺坏。他冥思苦想，终于想出了一个好办法。只见他急忙跑到后院去，在水池边捞了一会，捉了几条虫拿回来，叫病人躺在炕上，将那虫放在淤血上边，旁人一看，原来是几条蚂蟥。用它怎么治病呢？大家都感到稀奇。眨眼之间，只见那蚂蟥蜷曲了几下，便叮破了红肿的淤血，吸吮起

来。不一会儿，蚂蟥的身子越来越粗，病人的瘀血却越来越少，快要吸完时，孙思邈马上把蚂蟥拿掉。他用清水洗净患处，再给病人敷上些药膏，叫他休息着。不过一个时辰，小伙子就完全轻松不痛了。他起身对孙思邈感谢道："我的眼睛刚才肿得那么厉害，一会儿工夫就被您老人家治好了，真是神医呀！您这种治疗方法真是奇妙，我还从来没听说过呢！"孙思邈笑着说："这也是我以前从百姓中学来的，今日恰好给你用上了。"就这样，孙思

邈用蚂蟥吸血肿的神奇妙法一时盛传，他的名声更大了。

出于尊敬和爱戴，很多地方都为孙思邈筑祠立庙、塑像，为他塑像时，甚至还让他骑在虎身上，这又是怎

么回事呢？传说有一次，孙思邈在深山老林里挖药，遇到一只老虎，躲也躲不及了，只好准备与老虎拼了，但老虎并没有伤害他的表现，反而流露出哀求的眼光。孙思邈感到很奇怪，大着胆子问老虎，"你到底想干什么？你若要吃我，就摇三下头；你若是有求于我，就点三下头。"老虎听了，忙点了三下头。孙思邈走近老虎一看，老虎伤得不轻，但他一想，老虎要吃人，我不能给它治，挑起药担要走，老虎咬住他的鞋角硬是不放。孙思邈与老虎约法三章："我治好你的病，今后你不能再伤害生灵。"老虎忙又点了三下头。孙思邈每天都精心为老虎治病，终于治好了。一天，老虎衔来一块大金子给孙思邈，孙思邈大笑说："老虎啊，你不了解我。我连官都不愿做，还要金子干什么？"老虎想想也对，既然不要金子，就当孙思邈的卫士好了。此后，不管孙思邈上山采药，还是下乡治病，老虎不离左右，有时还帮着他驮药草，孙思邈累了，就骑在虎背上休息。这就是"药王骑虎"的由来。现在，陕西耀县药王山上还有一块地方叫"聚虎坪"，相传就是孙思邈救这只老虎的地方。后来人们给孙思邈塑像时，总要塑一只老虎踞在孙思邈身边，也就是这个原因。

孙思邈与《千金方》

孙思邈"针龙砭虎"的神话流传极广，这个神话显然是虚构的，其中宣扬了"知恩报恩"的封建伦理思想，但也颂扬了孙思邈医疗技术的高明，因为孙思邈不但能治人的病，而且能够将在封建社会中被视为神圣的龙和虎的病治好。此外，人们为了强调孙思邈药方的灵验，便传说《千金要方》的一部分是孙思邈救了昆明池的龙王后，由龙王赠送的《龙宫仙方》中选来的。据传说，孙思邈在终南山行医时，有一年大旱，人们请西域来的和尚在昆明池祈雨，祈祷七天后，池水下降了七尺。当晚忽然有一个老人来找孙思邈，说自己是昆明池的龙王，由于西域和尚祈雨，池水越来越浅，它的性命危在旦夕，请孙思邈救救他。孙思邈说："听说龙宫有仙方三千首，我要用它救治天下黎民，如果我救了你，你就要将仙方传授于我。"老人说："此方天帝是不许乱传的，但今天我

处境危急，顾不了这么多了。"于是他立刻把仙方取了出来，双手捧给孙思邈。孙思邈说，你回去吧，不用再担心生命危险了。果然，龙王回去后，池水忽然大涨，西域和尚看祈祷不灵，羞愧而去。后来，孙思邈在撰写《千金方》的时候，就在每卷中都放入了龙宫仙方，让更多的人得到了益处。

类似的传说与神话还有很多，在封建社会里，这些神话虽然给孙思邈笼罩了一层神秘的气息，但也足以说明他在人们心目中的巨大影响。

中国寺庙多如牛毛，但大多供奉的都是神仙、菩萨。专门供奉医生的庙却并不多见。在陕西耀县药王山上的药王庙，是专门供奉我国最为著名的医生孙思邈的一座庙宇，为明代所建。这座庙是百姓感动于孙思邈一生不谋名利，医德高尚，济世活人，自发建起来的。孙思邈名气很大，太宗皇帝曾三次征召，他却不想步入仕途，始终将为百姓治病视为头等大事。他在耀县这个地方生活了 42 年，在为民治病的同时，还完成了《千金方》这部举世名著。如今，药王庙大殿内的医方碑亭还存有一些药方的石碑，这些碑都是明朝雕刻的，历时已四百余年，一直被百姓们传抄着。这些药方，医济当时，也方便万世。为了纪念孙思邈，每年二月初二，人们都要在药王庙举行盛大的庙会，人们炒黄豆、做面食、咬蝎子，到庙前敬香祭祀，祭祀过后下山之时，人们不会忘记要在胸前戴上一枚柏树叶，以求孙思邈的保佑。在药王庙山下的通元桥戏楼，秦腔杂剧轮番演出，灯火通明，通宵达旦。作为一个医生，能让世人如此尊崇怀念，足以证明他的伟大了。

千百年来人们一直怀念、敬仰孙思邈，不断对他的庙碑进行了不断修整，并多次刻印他的著作，1081 年，在他诞辰五百周年的时候，宋朝庭曾下诏为孙

氏刻立石碑，详细记载他的生平事迹，并树立他的塑像。在他的家乡耀县孙家塬西南建造了宏伟的殿宇——孙氏祠堂，如真人祠、圣母殿等古迹。在距耀县城东约三里的五台山，是孙思邈隐居的地方，人们称它为"药王山"。山上有"药王庙"，庙的西侧有"洗药池"，相传是当年孙思邈洗药的池子。"药王山石刻"是全国第一批重点文物保护单位，目前收藏的早期石刻塑像碑(北魏、西魏、北周及隋唐)存量为全国之首，具有品位高、价值大、内涵丰

富的特点，在我国医药文化史上具有重要的地位。"药王山石刻"已经受到日本、美国、德国、港台等许多国家和地区专家、学者的推崇关注，日益受到国内外文物考古、宗教民族、美术研究、书法艺术、医药卫生等各界人士的重视，研究者愈来愈多。为了深入研究、发掘这些文化遗产的内涵，弘扬中华文化之精华，促进和加强东西文化的交流与协作，进一步宣传药王山，弘扬孙思邈的医德、医术、医风，更全面地了解和认识药王孙思邈，1961 年，值孙思邈诞生1300 周年之际，我国邮电部特别发行了纪念孙思邈的邮票，以表彰孙思邈对我国医学所作的贡献。

由于《千金要方》及《千金翼方》的影响极大，因此这两部著作被誉为我国古代的医学百科全书，起到了上承汉魏、下接宋元的历史作用。两书问世后，备受世人瞩目，甚至飘洋过海，广为流传。日本在天宝、万治、天明、嘉永及宽政年间，都曾经出版过《千金要方》，其影响可见一斑。孙思邈去世后，人们将他隐居过的"五台山"改名为"药王山"，并在山上为他建庙塑像，树碑立传，以此纪念孙思邈为我国医学所作出的巨大贡献。

孙思邈与《千金方》

李时珍与《本草纲目》

　　李时珍，明代著名医药学家。他在我国医药学方面的巨大贡献，至今仍为国内外人士所称颂。李时珍所著的《本草纲目》，不仅是一部总结我国明代以前药物学知识和经验的巨著，也是一部具备了初期植物形态分类学内容的伟大著作，是我国药物学、植物学的宝贵遗产，对我国药物学的发展起到了重大作用。《本草纲目》有多种外文译本在全世界流传，为世界药物学者、植物学者所重视。

一、杏林世家李时珍

李时珍，明医药学家，继承家学，更着重药物研究，重视临床实践与革新，向农民、渔民、樵夫、药农、铃医请教，并参考历代有关书籍八百余种，对药物加以鉴别考证，纠正了古代本草书籍中药名、品种、产地等一些错误，并收集、整理宋、元以来民间发现的药物，充实内容，经27年著成《本草纲目》，载药1892种，并附1100余幅药图，内容极为丰富。

李时珍在医药学方面的巨大贡献，至今为国内外人士所称颂。他的名著《本草纲目》，不仅是一部总结我国明代以前药物学知识和经验的巨著，也是一部具备了初期植物形态分类学内容的伟大著作，是我国药物学、植物学的宝贵遗产，对我国药物学的发展起着重大作用。刊于万历二十四年（1596年），复刻甚多，并有多种外文译本在国外流传，为世界药物学者、植物学者所重视。

李时珍，字东璧，号濒湖，明代正德十三年（1518年）出生在湖北蕲州（今湖北蕲春县）瓦硝坝一个行医世家。

相传李时珍出生之时，有奇异现象出现。

当时，李时珍的父亲知道妻子快要分娩了，十分高兴，连忙挑水、劈柴、宰鱼、杀鸡，忙碌了一阵子，只等接生婆报喜。由于太累，他便扶在桌子上打了一个盹儿。梦中他看见一只白鹿含着一棵灵芝草跑进堂屋来了，他一阵惊喜，正好这时接生婆向他祝贺："又添了一位公子！"这位公子就是李时珍。

李时珍出身于世代相传的医家，祖父是一位热心为百姓诊治疾病的"铃

医"。手摇着铃铛，走乡串镇，在当时属于社会地位比较低下的职业之一，一家人过着清苦自饴的日子。

老人虽收入微薄，但医德高尚，崇尚文化，含辛茹苦地培养后代，以贻后人弘扬李氏济民于水火的家风。李时珍的父亲李言闻，号月池，自幼接受了良好的家庭教育，是当地有名的医生，曾为当时的王侯所器重，被聘为太医，任太医吏目。他不仅有丰富的临床经验，而且在医学理论上也有相当高的修养。"精诣奥旨，浅学未能窥造"，这是李时珍后来对父亲在行医方面造诣的肯定。据记载，李言闻著有《四诊发明》《蕲艾传》《人参传》《痘疹证治》等。李时珍从小就在这种医药世家的环境中备受熏陶。

李时珍幼年时，其家境仍不宽裕。他上有一兄一姐，加上母亲，四口人都靠父亲一人养活。母亲张氏身体本就虚弱，加上营养不足，在生了李时珍后不久就病倒了，以后长期卧病在床。李时珍的健康状况也很差，体弱多病，他的童年几乎有大半时间是在药炉旁边度过的。直到十岁左右，身体才慢慢地好起来，并能念一点书，也能够到外边活动了。

李时珍第一次跟着哥哥爬上凤凰山，看见江流滚滚、烟树万家，才知道世界是这样的广阔。以后便常跟着父亲、哥哥一起到附近的山上去采药，有时还跟着父亲去病人家看如何出诊。家中来了病人，小时珍不言不语，站在一边观看，而且很有耐心，一直看到病人千恩万谢地离去。耳濡目染，无形中李时珍对医学、药学产生了兴趣。

李家的后院是一座远近闻名的"百草园"，那里一年四季都盛开着姹紫嫣红的花儿，有争奇斗艳的牡丹、芍药、水仙；有朴素的蒲公英、土茯苓、千日红；也有枣树、槐树、椿树、榆树。墙根下、砖缝里、树皮上常会碰到各种小昆虫——土鳖、蛐蛐、蜈蚣……小小的"百草园"成了幼年李时珍成长、学习的乐土。

当李时珍稍长大些后，除了这小小的"百草园"，他有了一片更广阔的天地，那就是蕲州一带的山山水水。

蕲州，就是今天湖北蕲春县境内的蕲州镇，处于南有凤凰、北有麒麟的群

李
时
珍
与
《
本
草
纲
目
》

山环抱之中。那里山清水秀、人杰地灵，不但景色优美，而且生长的药草特别多。李时珍经常带着童年的小伙伴们奔跑在北门道上，他自豪地把从父亲那里学来的药物知识传授给他们。告诉小伙伴什么是金盏草，什么是麦门冬，什么是能吃的，什么是好吃的。并领着他们在田野里找寻青蒿子，找寻那吃起来有点咸味的黄色滴滴金。

离瓦硝坝一箭之地，就是著名的雨湖。这个方圆仅二十多里的湖，却经常有很多渔民在捕鱼。李时珍和这些渔民个个熟识，还常跟他们出去打鱼。因为力气小，不能摇船，他便帮着渔民收拾鱼篓。雨湖的特产是鲤鱼，常常可以整网地打上来。鱼在网中像银色链条一样反复跳动着，李时珍看了，十分高兴。

渔民伯伯笑着问他："时珍，你知道鱼也是药吗？"

"是吗？伯伯给我讲讲行吗？"李时珍来了兴致。

"嗯——好吧！"伯伯稍微思索了一下，说道："就拿鲤鱼来说吧。煮着吃，它可以治咳嗽，可以利小便；熬粥吃，可以治突然出现的耳聋；用三升醋煮一条大个儿的鲤鱼，把汁熬干再吃，可以消水肿。"

李时珍兴奋地叫道："哎呀！这么厉害，能治这么多病呀！"

另一个叔叔插话道："远不止这些呢！听说鲤鱼的血可以治小儿火疮；肠烧成灰，可以治耳朵里钻进去的小虫；它的鳞还可以治卡在喉咙里的鱼刺呢！"

"连鱼鳞都能治病？怎么个用法呢？"李时珍专注地问道。

"这法子很简单。比如说从鲤鱼脊背上剥三十六片鳞，用火焙干，研成粉末，用凉开水冲服。嗯！那鱼刺自己就会跳出来。"

老渔翁还告诉他许多关于水鸟的知识。什么是老水鸦，什么是鱼狗子，还有那成群结队地用嘴在水面上画着线条飞过的叫淘河……

这样，瓦硝坝附近青山绿水就成了李时珍少年时代最好的课堂，这里的辛

勤劳作者成了他最好的老师。这一切不仅使他热爱大自然、热爱生活、热爱这里的人民，而且使他学到了很多书本上学不到的东西，激发了他不断求知的欲望。

这些事情都被李言闻看在眼里。他很了解儿子的兴趣，为了满足儿子对草木虫鱼之类学问的好奇心，还曾教他读图画本的《尔

中医大家与中医著作

雅》。在父亲的教导下，李时珍很小的时候，就能够把深奥的《释鸟》《释兽》倒背如流。

李时珍生活的时代，民间医生地位很低，不仅生活窘困，还常会受到官绅的欺侮。作为父亲，李言闻不得不为儿子的前途和家族命运做考虑，而摆脱这一境况的唯一方法就是苦读八股文，有朝一日赢得科举走上仕途。考取功名，出人头地，这是那个年代所有读书人的梦想。就连李言闻本人也是科举考试的热衷参与者，只是在乡试中一再失败，这更加使他把全部希望都寄托在了这个异常聪颖的小儿子身上。

李时珍 12 岁的那一年，父亲就明确提出了要求他走科举入仕道路的想法。李时珍一向爱读的医药书都被收起来了，摆在他面前的是"四书""五经"，还有明朝初年黄子澄、王鏊等人所作的八股文集。

李时珍的少年生活，就数这一段时期最不愉快了。读经书，背经书，有的不懂，有的拗口，读起来真没意思。但是经书当中有许多篇文章还是很有教益的，譬如"学而时习之，不亦说乎""温故而知新""知之为知之，不知为不知，是知也""学而不厌""不耻下问"等等。至少这些对学习态度、学习方法的论述，对他当时和以后的学习还是起了一定指导作用的。

学习经书虽然枯燥，但李时珍还是从中领悟到了一些可贵的民本思想。如孟子的"民为贵，社稷次之，君为轻"，使少年时的李时珍就懂得了一国之中老百姓最重要的道理。在学习的过程中，他也学了很多做人的道理，知道"敬人""爱人"的重要，知道"己所不欲，勿施于人"是做人的本分。而"三人行必有我师"的名言，更是被他巧妙地运用到实践当中去了。

读经书还能读些有用的内容，然而作八股文可就头疼了。写起来味同嚼蜡，枯燥极了。比起在雨湖上目送翠背黑翅的水鸟满湖乱飞，耳听远处渔歌四起，情趣真是大不相同。

功夫不负有心人，经过几年的苦读，明世宗嘉靖十年（1531 年），李时珍在父亲和蕲州知州周训的陪同下来到黄州应考。这次考试，14 岁的李时珍考取了秀才，而只有取得秀才称号的人才有资格参加每三年举行一次的"乡试"。乡试是由各省在省城举行的省一级考试，在乡试中被录取的考生称为"举人"。也只有取得举人资格的，才能到京城参加"会试"。只有通过这一次又一次、一级又一级的考试，才能最终步入仕途。

17岁，李时珍参加乡试落榜。20岁，第二次参加乡试，又一次落榜。

这时，李时珍的内心十分矛盾。想到父亲的期望，他有一种负疚之感。他回忆起苦读的九年，从早到晚，足不出户，埋头苦读，然而光阴似箭，年岁徒增，春温秋肃，自己仍一事无成……

李时珍的身体原本就弱，再加上常年的苦读，他的身体更虚弱了，参加第二次乡试后就病倒了。据他自己在《本草纲目》中所说，这次的病是由感冒引起的，咳嗽了很久，没及时诊治，结果转为"骨蒸病"。皮肤发热，热得像火燎一样，觉得心烦口渴，每天吐痰一碗多。从现在的医学角度来看，他患的可能是肺结核。李时珍当时已懂得不少的医药常识，他就试着给自己开了药，治了一个月，病情未见好转。后来，他父亲用名医李东垣的"独味黄芩汤"治好了他的病。

这次的病倒，使李时珍亲身体验了病人的痛苦，进一步感受到医生责任的重大以及名医妙方的神奇。他惊呼："医中之妙，有如此哉！"

23岁时，李时珍第三次乡试失败后，便向父亲表明了自己的志向，决心子承父业，一心钻研医药。李言闻见儿子科举不成，又联想到自己多次乡试的惨败，也就放弃了让儿子走学而优则仕的道路，同意李时珍终身以医药为业的选择。李时珍从此告别了科举考试，一心一意钻研起神圣的医药学了。

李时珍未能通过科举考试步入仕途，今天看来，并非一件坏事，反而成了他献身医学事业的契机。在准备应付科举考试的日日夜夜里，献身医药事业的雄心已在他的心里悄悄滋长。他的青云之志，不在入仕中举、进士及第、获取高官厚禄，而在于精研医术，为百姓解除痛苦，为发展祖国的医学、药学作一番贡献。

中医大家与中医著作

二、行医救民，弃官求廉

"想做一名好医生，不仅要认识医药，还应该懂得医药。"父亲的教诲，李时珍始终铭记着。他夜以继日地钻研医学技艺，恨不能骤然间成为妙手回春的杏林圣手。父亲告诉他，千锤百炼才能成钢，不经过七灾八难，便难求真经。李时珍顿悟了，从此心定性安，一头钻入浩如烟海的医学典籍中，一面发奋苦读，一面勇于实践对各种医疗病症的救治。

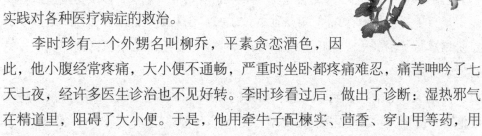

李时珍有一个外甥名叫柳乔，平素贪恋酒色，因此，他小腹经常疼痛，大小便不通畅，严重时坐卧都疼痛难忍，痛苦呻吟了七天七夜，经许多医生诊治也不见好转。李时珍看过后，做出了诊断：湿热邪气在精道里，阻碍了大小便。于是，他用牵牛子配楝实、茴香、穿山甲等药，用水煎服，柳乔吃了三次就好了。

家人惊诧他诊病精准，纷纷询问详情。他腼腆地回答说，祖父医案上曾记载过此病，自己不过照葫芦画瓢而已。父亲一查家书，果真如此。但李时珍用药时创造性地增减药剂，表现出自己的独到见解。李言闻很高兴，感叹道："吾李家即有名医矣！"

李时珍25岁时，即嘉靖二十一年（1542年），开始正式行医。当时他已结婚，有了一个儿子，叫李建中。李时珍与父亲共同挑起了全家的生活重担。蕲州玄妙观便是李言闻、李时珍经常行医的地方。

李时珍行医不久，蕲州一带连年大旱，水塘干涸，粮食歉收，同时又发生了瘟疫。按照明朝的医事制度，明政府在各地都设有"医药惠民局"。而所谓的"惠民"，只不过是统治者笼络人心的话。当时贪贿成风，药局的官吏营私舞弊，贱买贵卖，以假充真，实际上穷苦百姓很少能沾到什么"惠"。

在贫病交加、走投无路的情况下，许多百姓来找李家父子求医。不论是乡邻还是远方来的病人，李家父子总是细心诊察、用药，丝毫不马虎敷衍。

李氏父子堪称医德高尚，对于贫困百姓，他们总是尽全力诊治而不收一文钱。李时珍的父亲虽颇具医名，但生活十分俭朴，住着普通的庭院，穿着大布宽衣，吃着粗茶淡饭。有钱的富豪请他看病，排筵设席，山珍海味交错于前，美女俊仆排列在后，他却正襟危坐，不为所动，精心地为病人诊病。

父亲的这些优秀品质，在李时珍身上得以继承和发扬。李时珍不贪图享受，言行举止和他的父亲颇为相似。蕲州人称他们为"大小二李"，并称赞他们："千里就药于门，立活不取值。"

在治病救人的过程中，李时珍取得了行医诊病的宝贵经验。

瘟疫的流行使很多人倒下了，李时珍这个时候忙里忙外，哪家出现紧急情况，他背起药包就奔向哪家。有个新来人家的孩子病了，脸色发黄，肿肿胀胀的，一副无精打采的样子，叫人看了很难受。李时珍心想，从外表看上去，这孩子是得了"小儿积食病"。可是他太忙了，看在眼里，记在心上，就是抽不出空来给那孩子治一治。他心里盘算着，有空一定要给那位小患者调理调理，免得他再受罪。

有一天，当他又看到那个患积食病的孩子时，大吃一惊，因为那孩子脸色红润，浮肿消失，欢蹦乱跳的，看上去已恢复了健康。

是谁给他看的病呢？吃的是什么药呢？怎么会康复得这么快？效果怎么会这么好呢？

李时珍带着这些疑问，去了那个孩子的家，向孩子的家长了解孩子的病史、病况、治疗过程，得出结论：孩子确实是患有小儿积食症。孩子的爸爸说家里贫穷，请不起郎中，也买不起药，没给孩子治病。

没请郎中，没吃药，那病怎么会好呢？李时珍难以解释。他又仔细询问那个孩子。

"你想一想，这些天除了吃饭还吃了些什么东西没有？"

"对了，我到后山去过，捡了些果果吃。那果真好吃，酸酸的、甜甜的。"

说着，孩子从小箩筐里拿出了"果果"。李时珍仔细一看，是大山楂，他确信这个孩子的病是大山楂给治好的。李时珍给孩子留下些买糕点的钱，就高高兴兴地走了。大山楂可以治病，而且有这么明显的效果，很值得重视。他翻阅了相关的书籍，见药书上记载大山楂可"化积食""健胃宽膈""下气"等，说明其疗效符实。从此，因消化不良引起的积食症，他都建议人们常吃大山楂。

李时珍行医十年之后，在医学上的造诣已经远远地超过了他的父亲，他的医名也越传越远。

有一次，李时珍背着药箱来到江西、安徽交界的湖口，忽然看见一群人正抬着棺材送葬。令他吃惊的是，棺材里还不断地往外淌着血。李时珍凑到棺材跟前一看，滴的不是淤血，而是鲜血。他凭借多年的行医经验，知道这棺材里的人还有救。他向人群里的一个人打听，知道棺材里是一位妇女，因为难产失血过多而死。他连忙上前说："停棺！停棺！棺材里的人还活着！"他喊了几声，人们都不相信，没有理他。

李时珍急了，他又赶紧向死者的丈夫说："你家娘子虽是难产，但只是暂时昏厥，并没有真正地死去，你现在赶紧打开棺材，我一定让你妻子活过来，并且还能让她把孩子生下来！"

于是，家属打开了棺材，把人抬出来。李时珍先是进行按摩，然后又在她心窝处扎了一针，不大一会儿，这妇女"哎哟"一声活过来了，接着就生下了一个儿子。人们都惊呆了，齐声叹道："真是神医啊！"

从此以后，湖口便传开了李时珍的传奇故事，说他死人都能救活，一针救了两条性命。

李时珍以高超的医术和高尚的医德，赢得了神医的称号。无论走到哪里，人们都争抢着想一睹神医的风采。

一天，李时珍来到一地，引起了轰动。有家药店老板的儿子正在柜台里大吃大喝，听说"神医"来了，急忙从高高的柜台上翻身跳下，挤入人群，去看热闹。

他来到李时珍的跟前，急切地问："神医，你看我有什么病吗？"

李时珍看他的气色不太好，赶紧给他诊脉，说道："小兄弟，真是可惜，你年纪轻轻，却活不到三个时辰。请赶快回家准备后事吧，免得家里人还要来抬尸体。"

李时珍的话刚说完，老板的儿子就气得七窍生烟，破口大骂道："你胡说，你想咒我死是怎么的？我刚才喝了半斤酒，吃了四大碗饭，能纵身一跃翻下柜台。这么好的身体，哪能死啊？"众人听了也弄不明白是怎么回事。

谁知，不到三个时辰，老板的儿子果然死了。大家都十分惊奇，不明白其中的原因，就问李时珍。他解释说："他吃得太饱，又从那么高的柜子上跳下来，肠子必然会扭断，再加上内脏受损，因此，很快便会死的。"人们这才恍然大悟。

于是，人们又这样称赞李时珍医术精湛："活人断其死！"

李时珍不畏权贵、刚正不阿的人格，也是颇受人们称道的。

相传有一年除夕，李时珍刚从武当山采药回家，还没顾得上休息，门外就有人敲门并高声叫道："李时珍在家吗？"

李时珍一向热心救死扶伤，随叫随到，急忙把门打开，原来是州官的差役马三。这马三仗势欺人、欺软怕硬，那州官也是凶狠残暴、欺压百姓。于是，李时珍冷冷地问："马大人到此有何见教？"

"州官大人传唤你，不说你也该知道。"马三傲慢地说。

"难道州官大人是得了什么病？"李时珍依然不屑一顾。

"大人福体安康，能得什么病？"马三道。

"那他就是得了什么心病。难道他想长生不老？"李时珍鄙视地回答。

"正是。你果然聪明，一下猜中了老太爷的心病。跟我走吧，给大人效力去。"马三说着催李时珍上路。

李时珍说："大人，今夜是除夕，实在是不方便。我先开个药方，你先带回去交差。"说完，李时珍写了一个药方，交给马三带回。州官一看，药方上写

的是："千年陈古酒，万载不老姜，隔河杨搭柳，六月瓦上霜，连服三万七千年。"

百姓说这件事，都拍手称快。

不久，明朝皇族楚王得知李时珍医术高明，就把他召去，让他以王府"奉祠正"（管祭祀礼节的八品官员）的名义掌管王府良医所的事务。

李时珍进驻王府，阅读了许多以前从未见过的医书药典，眼界大开，医术更进一步。楚王有个王

子朱华奎，得了气厥症，用现在的话来讲就是抽风病，经常发作，许多医生都治不好。李时珍一到王府，大家都把希望寄托在他身上了。

李时珍不负众望，妙手回春医好了小王子的病，王妃感激不尽，赏赐李时珍许多金银财宝，可他坚决不肯接受，因此也颇得府内上下的好感。王公贵族们也纷纷宴请李时珍诊病。

富顺王朱厚焜膝下有一个爱孙，从小视为掌上明珠，宠爱无比。但是，他的这个孙子居然喜欢吃灯花，一旦闻到灯燃亮的气味就大哭索要，还特别爱吃花生米，甚至吃泥土，许多医生对这个怪癖束手无策。李时珍知道后，就前往诊病，他根据前人的经验和自身的实践，仔细观察诊断后，用百部、使君子、鹤虱、槟榔等杀虫治癖之药，研成粉末，制成药丸，让小王孙每天服二十粒，一付药下去就痊愈了。

李时珍高明的医术在王府中盛传。一传十，十传百，求诊者日盛一日。有一次，王府来了一位皇家宗室的老夫人，已经六十多岁了。一直受肠结病的痛苦折磨，长期便秘，犯起病来比女人生孩子还难受。皇家宗室拜访名医不计其数，但都不能治好老夫人的病。这病已经折磨老夫人三十多年了，家人耳闻了李时珍的高明医术，便请他远道而来。李时珍对老夫人进行了观察，发现她体肥身胖，性情忧郁，每日吐痰一小碗还多，表现出极明显的"火症"迹象。于是，李时珍就对症下药，乃用牵牛、皂荚制成利于通便的丸剂，让老夫人服用。然后再用其他药物并伴之以精神疗法使她神情爽朗，最后让她祛痰气顺，健康如初。

嘉靖三十四年（1555 年），明朝皇帝因过多服食丹药，身体每况愈下，就下令整顿太医院。

嘉靖三十五年（1556 年），皇帝诏令各地推举名医，以补充京城太医院的缺额。据说，明朝皇帝通过皇族成员的口传，也略知李时珍的情况，便下令"荐医"。

然而李时珍到了北京并没有获得统治者的重视。对此，李时珍当然不会放在心上。相反，他觉得太医院中有些优越的条件正可以充分利用，以丰富自己的研究，这反倒成了他去北京的更重要的收获。

他从前读过《铜人腧穴针灸图经》和《铜人针灸经》，当他得知那个显示人体穴位的铜人模型就供奉在太医院药王庙里的时候，非常兴奋。太医院常常在这里用铜人考针灸科的学生，所以他有许多机会走进去，对模型所示人体各个穴位进行仔细辨识。他虽然不学针灸，但把人体每一个穴位、经络都熟记在心，后来他著成了《气经八脉考》等书。

太医院所属的寿药房、御药库也是最能引起他兴趣的地方。那里放着从各地进贡来的名贵药物，李时珍当然不会放过机会，对这些药物做一番研究。

他还研究北俗，对于北方人民饮食起居上的一些小问题也十分关注。他在四郊活动时，把农家用暖窖保藏韭黄的方法也学会了。

李时珍在太医院工作了大约一年，就托病辞去了工作。因为当时明朝的嘉靖皇帝不理朝政，崇信"灵丹妙药"，妄想成仙。上行下效，太医们整天和一些方士往来，在宫中设立神坛和炼丹所，梦想炼成"长生不老药"。太医中的一些人排挤刚直不阿、身怀绝技的李时珍。他因此难以与他们久处，便托病辞官返乡。

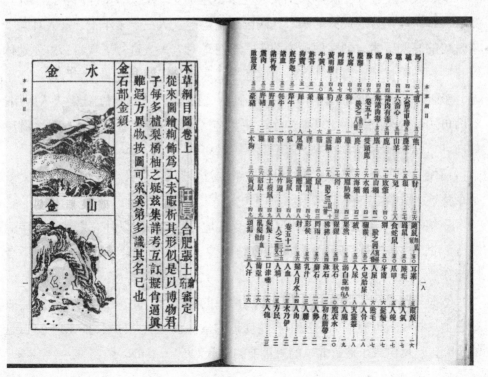

三、云游四海修《本草》

李时珍是个喜欢读书的人，数年来，他翻阅了不少唐、宋两朝的本草药书，书上记载的丰富的医药知识，使他大开眼界，受益匪浅。可是，我国古来的"本草"同明朝当时用药的实际并不相符，这是李时珍在自己行医过程中逐渐发现的严重而迫切需要解决的问题。

旧"本草"不只是品种不全，而且还有很多错误。就拿唐慎微编写的当时医药界公认的全书《证类本草》来说，李时珍一方面称赞唐慎微的学问广博，肯定《证类本草》汇集了各家本草的药物和民间许多的单方、验方，使这些民间和古来的用药经验能够流传下来。但另一方面，李时珍觉得《证类本草》仍有不少瑕疵，如品种不全、分类杂乱、草木混淆，或一物误分为二，或二物误以为一，有的甚至误将毒药当做寿药。例如，它把葳蕤、女萎并入一条，这就是个差错。葳蕤是一种矮小的多年生草本植物，开白色的钟形小花，叶子像竹子，所以又名玉竹，是一种常用的滋补强壮药。女萎也称万年藤，茎长数丈，是止痢消食药，这两者是不可以混为一谈的。还有，生姜、山药是两种蔬菜，《证类本草》却把它们列入草部；槟榔、龙眼是两种果子，《证类本草》又把它们列入木本等等。

又如有的本草认为"黄精即钩吻"，"旋花即山姜"。黄精是一种补药，无毒，钩吻却有剧毒；旋花与山姜也是两种不同的植物，分属旋花科和姜科。把这些东西相互混淆就属于错加注释了。

更比如"水银"，据以前本草书记载，言其"无其毒""其久服神仙""为长生不老之药"等。确有其事吗？李时珍通过调查，认识到水银是由丹砂加热后分解出来的(就是所谓的"汞出于丹砂")；水银和硫磺一起加热，可以变成银朱(硫化汞)；水银加盐等物，又可以变成另一种物质，名叫轻粉(氯化汞)。由此，在李时珍的记述下，水银终于回到了它本来的位置，他说水银是一种"温燥有毒"的物质，"若服之过剂，则毒被蒸窜入经络筋骨，变为筋挛骨痛，发为痈肿疮漏，或手足破裂，虫癣顽痹，经年累月，遂成疾癌，其害无穷。"李时珍又根据六朝以来久服水银而造成终身残废的历史事实，驳斥了久服水银可以长生不老的无稽之谈，并愤言道："方士固不足道，本草岂可妄言哉。"

药的功效搞错了，就算医生处方开得再好也还是不能治病，甚至会引起医疗事故。

一天，一个渔夫满面愁容且焦急不安地前来请李时珍去他家给妻子治病。李时珍匆忙赶到渔夫家，只见渔夫的妻子面色灰白，精神恍惚，昏沉沉地躺在床上。原来，她患病后曾请过一位医生诊治，不料服药后病势反而加重了。李时珍用银针刺进急救穴位，病人发出了低微的呻吟声，接着"哇"的一声，吐出许多污秽之物，并慢慢睁开了双眼。

李时珍随后将原药方摊开再三推敲，觉得处方开得尚好，配方也无不妥之处。但病人服此药后，为何病情反而加重了呢？李时珍疑惑不解，会不会是抓错了药呢？他仔细查看药渣，发现了一味"虎掌"(天南星的叶子)，药方上没有。而药方中的"漏篮子"，药渣中却没有找到。疑团终于解开了，原来是药铺抓错了药!虎掌有大毒，被错当成漏篮子抓给病人了。为此，李时珍和渔夫一同赶到药铺。药铺掌柜对渔夫的叫骂不理睬，对李时珍的责备也不表态，他面无表情地用鼻子一哼，转身进屋拿出一本书朝李时珍面前一扔，冷笑着说："本人自幼熟读本草药书，从无抓错之说。现有药书为证，请你过目!"李时珍仔细一看，原来是一本《日华子本草》。他翻开来查阅，书上清清楚楚地写着目漏篮子又名虎掌，二者为同一药物。李时珍大感意外，无话可说，在那里发愣。这次药物中毒的事例，使李时珍萌生了修正旧医书上的错误，增补新内容，写出一部新的本草的想法。因为一旦见错不改，任其自然泛滥，他将成为医学史上的千古罪人。

回到家里，李时珍把这一想法告诉了他的父亲。没想到父亲却颇有同感，把自己行医几十年所经历的类似事件也都讲述给李时珍听，然后感慨地说："这也难怪，离现在最近的本草距今也有四百多年了，怎么可能符合今天的需要呢!"然后又望着儿子，若有所思地说："可是，自唐朝以来，历代修本草都是朝廷的

事，咱们只是空有良好的愿望，无法实现啊。"

李时珍略一沉思，说道："对于个人来说，这件事情的难度确实太大了，可是，我们也很难争取到朝廷的支持啊……"

见父亲没作声，李时珍便对父亲笑了笑，挥着拳头坚毅地说道："如果得不到朝廷的支持，那就多用点时间和精力，也不能因为没有朝廷的支持就让老百姓继续受苦啊。我一定要修订出一部完备正确的《本草》！几年不行，就用上十几年，几十年！"

接着，他奋笔写下了：

身如逆流船，

心如铁石坚。

望夫全儿志，

至死不怕难！

李时珍的父亲深知这件事非同小可，更深知这一工程的浩大和繁杂。但见儿子明理、志大、心诚、意坚，便表示愿意支持让他试一试。就这样，高度的责任感促使年轻的李时珍立下了宏伟志向，为自己的一生确立了一个艰辛而伟大的奋斗目标。

明世宗嘉靖三十一年（1552年），李时珍35岁，他开始着手编写《本草纲目》了。

在编写《本草纲目》的过程中，最使李时珍头痛的就是由于药名混杂，往往弄不清药物的形状和生长情况。过去的本草书，虽然做了反复的解释，但是由于有些作者没有深入实际进行调查研究，而是在书本上抄来抄去地做"纸上猜度"，所以越解释越糊涂，而且前后矛盾，莫衷一是。

这些难题该怎样解决呢？在父亲的启示下，李时珍认识到"读万卷书"固然重要，但"行万里路"更不可少。于是，一个既"搜罗百氏"又"采访四方"，深入实际进行调查的方案就此形成了。

李时珍穿上草鞋，背起药筐，在徒弟庞宪、儿子建元的伴随下远涉深山旷野，遍访名医宿儒，搜求民间验方，观察和收集药物标本。他首先在家乡蕲州一带调查，后来又多次出外采访，除湖广外，还到过江西、江苏、安徽等地。

李时珍非常注重调查研究，看重第一手资料，每到一地都虚心向各类人物请教。这些人中有采药的，也有种田的、捕鱼的、砍柴的、打猎的，他们都热情地与李时珍攀谈，帮助他了解认识各种各样的药物。

比如芸苔，是治病常用的药。但究竟是什么样的呢？《神农本草经》没有明确描述，各家注释也不详细。李时珍问一个种菜的老人，在他的指点下，又察看了实物，才确定芸苔实际上就是油菜。于是，这种药物便在他的《本草纲目》中得到了确凿的注解。

蕲蛇，即蕲州产的白花蛇。这种药有医治风痹、惊搐、癣癞等功用，李时珍早就开始研究它了。最初他只从蛇贩子那里观察，内行人提醒他——那是从江南兴国州山里捕来的，不是真的蕲蛇。那么真正的蕲蛇又是什么样的呢？他请教一位捕蛇的人，捕蛇人告诉他，蕲蛇牙尖有剧毒，人被咬伤后要立即截肢，否则就要中毒死亡。它对治疗一些病有特效，因此非常贵重，州官便逼着群众冒着生命危险去捉，以便向皇帝进贡。可蕲州那么大，其实只有城北龙峰山上才有真正的蕲蛇。

李时珍追根究底，要亲眼观察蕲蛇，便请捕蛇人带他上了龙峰山。山上有个狻猊洞，洞周围怪石嶙峋，灌木丛生，李时珍置危险于不顾，到处寻找，在捕蛇人的帮助下，终于亲眼看见了蕲州白花蛇。捕蛇人先向白花蛇身上撒一把土，说来也奇，蛇就像面粉遇到水一样缩成一团不动了。捕蛇人立即上前用木叉往白花蛇的颈部叉去，另一只手抓住蛇体的后部。这时的白花蛇再也施不出威力来了，被用绳子拴着倒挂在了树上。

李时珍上前仔细观察白花蛇的形态，只见蛇头大似三角形，嘴里长着四只长牙，背上有二十四块斜方格，腹部还有斑纹，与普通的蛇确实不一样。

接着，捕蛇人当场剖开蛇腹，去掉腹腔内的杂物，然后用水洗净蛇身，用竹签固定住蛇头，把蛇身盘成一团，用绳子系好。捕蛇人告诉李时珍："就这样把蛇烘干即可成药。"捕蛇人还告诉李时珍一个辨别真假蕲州白花蛇的方法，他说："别处产的白花蛇烘干时眼睛早已闭上，而蕲州白花蛇就不同，烘干后眼睛还睁着，就跟它活着的时候一样。"李时珍非常感谢捕蛇人对他的教诲。

分手时，他还买了几条活的蕲州白花蛇，以便细致观察，亲自制药。

几年后，李时珍又根据白花蛇的祛风特性，制成了专治半身不遂及中风症的"白花蛇酒"。现代药理分析证明，白花蛇的提取物具有镇静、镇痛，扩张血管和降压作用。李时珍还把对蕲州白花蛇的研究成果写成一部书，叫《白花蛇传》。

鲮鲤，即今天所说的穿山甲，是常用的中药材。陶弘景在引证《名医别录》中说它为鲮鲤科动物的鳞甲类，性味咸凉，能够消肿溃痈，搜风活络，通风下乳，外用止血。还说它能水陆两栖，喜欢吃蚂蚁。白天它爬上岩来，张开鳞甲，装出死了的样子，引诱蚂蚁进入甲内，再闭上鳞甲，潜入水中，然后开甲让蚂蚁浮出，将其吞食。

为了了解陶弘景的说法是否正确，李时珍亲自上山去观察，并在樵夫、猎人的帮助下捉到了一只穿山甲，从它的胃里剖出了一升左右的蚂蚁，初步证实了陶弘景有关穿山甲食蚁的说法。不过，在以后的观察中，他却发现穿山甲并不是"诱蚁入甲，下水吞食"，而是搔开蚁穴进行舐食。李时珍肯定了陶弘景正确的一面，也纠正了其错误之处。

李时珍在蕲州雨湖之畔的住宅附近亲手开辟了一座药圃，名叫红花园，他在这里精心培植了各种药物。黄精是一味补虚益精的植物药，本是野生的，李时珍从山上采回以后，便在院内加以栽培。后来他介绍栽培经验时说："黄精野生山中，亦可劈根长二寸，稀种之，一年后极稠，子亦可种。"他亲手试种的结果，说明黄精既可栽培，又可播其种子育苗栽植。红花是一味活血通经、祛瘀止痛的植物药，李时珍也曾栽培过。他说："红花，二月、八月、十二月皆可以种下，雨后布子，如种麻法，初生嫩叶，苗亦可食。""其子五月收采，淘尽捣碎煎汁，入醋拌蔬食，极肥美。"据他亲身种植的体会，认为栽种红花的方法就和栽植芋麻一样，而且红花的嫩苗和种子还可以充当美味的蔬菜。使君子是一味驱虫消积的植物药，主产于四川、云南、广东、广西等地，湖北各地很少见到，李时珍便把它加以引种。他说："使君子原出南海，交趾，今闽之邵武，蜀之眉州皆栽种之，亦易生。其藤如葛，绕树而上。叶青如五加叶。五月开花,一簇二十葩,红色,轻盈如海棠。其实长寸许,五瓣合成,有棱。先时半黄,老则紫黑。其中仁长如榧仁,色味如栗,久则油黑,不可用。"尽管蕲州地方不产使君子,但由于李时珍亲自引种过它,因而对这种植物的生长过程及其特征了如指掌。

除了栽培药用植物之外,李时珍还饲养过药用动物。比如绿毛龟,它是一种补阴血益精气的动物药,因为是蕲州的特产,李时珍便养了几只。他通过亲手用水缸饲养,了解绿毛龟的生长过程和生活习性,并且将它与普通乌龟进行对比,准确地记载了这种乌龟的特点。我们知道,绿毛龟是一种背甲生基藻或刚毛藻等绿藻的金龟或水龟,其藻为绿色丝状分枝,长1—4厘米,在水中如被毛状,故名绿毛龟。绿毛龟又是一种珍贵的观赏动物,中外人士都很喜欢饲养它作为宠物,其经济价值很高。李时珍记录了饲养绿毛龟的方法,这是非常有意义的。

在太和五龙宫的后院有一种奇特的果树,每年长出像梅子大小的"仙果"。道士们说,果树是真武大帝所种,人吃了这仙果可以长生不老。皇帝闻讯,降旨下令五龙宫道士每年在"仙果"成熟时采摘作为贡品送到京城,供皇家享用,并不许百姓进五龙宫后院,谁要是偷看、偷采"仙果",就是"欺君犯上",有杀头之罪。

李时珍不信道士们的说法,要亲自采"仙果"来试试,看看它究竟有什么功效。便在其山下找一家客栈住下。次日,李时珍来到五龙宫,对寺院道长说:"我是从蕲州来的医生,专门采集药材研究药效的,听说贵寺有仙果,能否给我看一看?"老道长将李时珍仔细打量一番后说:"念你是个医生,不懂这里的规矩,我不想找你什么麻烦。但我要告诉你,这里是皇家禁地,仙果是皇家的御用之品。你还是快快离去为好,不然当心皮肉受苦。"再说什么都没有用了,李时珍无奈地下山。怎么办呢?难道让这"仙果"永远成为一个谜?

夜深人静,李时珍从另一条小道摸上了山。此时五龙宫内外一片寂静,道士们早已酣然入睡。他轻步绕到后院外,吃力地翻墙进入院内,捷步来到果树下,迅速采摘了几枚"仙果"和几片树叶。然后翻墙出寺,连夜奔下山去。

回到客栈,李时珍亲口品尝了"仙果",

并仔细对其进行研究，终于解开了太和山"仙果"之谜。原来它只不过是一种榆树果子的变种，名叫榔梅，功效跟普通的桃子、杏子一样，能生津止渴而已，并没有什么特殊之处。所谓的长生之说，纯属道士们为了讨好皇上而编造出来的一套谎言！

李时珍对药物的了解并不满足于走马观花式的调查，而是一一采视，对照实物进行比较核对，由此弄清了不少似是而非、含混不清的药物。用他的话来说就是"一一采视，颇得其真""罗列诸品，反复谛视"。

有一次，李时珍经过一个山村，看到前面围着一大群人。走近一看，只见一个人醉醺醺的，还不时地手舞足蹈。一了解，原来这个人喝了用山茄子泡的药酒。"山茄子……"李时珍望着笑得前俯后仰的醉汉，记下了药名。回到家，他翻遍药书，终于找到了有关这种草药的记载。可是药书上写得都很简单，只说了它的本名叫"曼陀罗"。李时珍决心找到它，进一步研究。后来李时珍在采药时找到了曼陀罗。他按山民说的办法，用曼陀罗泡了酒。过了几天，李时珍决定亲口尝一尝，亲身体验一下曼陀罗的功效。他抿了一口，细品品，味道很香；又抿一口，舌头以至整个口腔都发麻了；再抿一口，人昏沉沉的。不一会儿，他也开始发出阵阵傻笑，手脚还不停地舞动着，最后竟失去了知觉，摔倒在地上。一旁的人都吓坏了，连忙给他灌了解药。过了好一会儿，李时珍醒过来了，大家这才松了一口气。醒来后的李时珍兴奋极了，连忙记下了曼陀罗的产地、形状、习性、生长期，写下了如何泡酒以及制成药后的服法、作用、功效等等。

有人埋怨他太冒险了，他却笑着说："不尝尝怎么断定它的功效呢？再说了，总不能拿病人去做实验吧！"听了他的话，大家更敬佩李时珍了。

就这样，又一种可以作为临床麻醉的药物问世了。

李时珍的大儿子李建中，大约在明隆庆五年（1571年）任职河南光山县教谕。利用探望儿子这个机会，李时珍由蕲州取道麻城入豫，横越大别山脉，在长途旅行中，除去问药访医外，李时珍还做了一件有意义的事情，就是收集各地流传的单方，把它们一一记录下来。

李时珍与《本草纲目》

李时珍有时和铃医交往，吸收他们的医疗经验。铃医有个特点，就是不会讲什么医理，只会凭经验，用现成的方子给人治病。所以他们手中大都掌握了多单方，其中也有不见于古人方书的秘方。

李时珍青年时期就注意单方，并深受宋朝名医唐慎微收集单方故事的影响。

唐慎微编著的《证类本草》古方最多，给其他的本草学书籍创造了一个范例。受了唐慎微的影响，李时珍对于单方的收集也很热心。他在蕲州给人治病时也常常不要钱，只要人家供给他一些秘方。

散布在广大民间的医药方子是我们祖先千百年来遗留下来的医疗经验，各处都有当地流传的一些单方。李时珍每一次外出，总能满载而归。

中医大家与中医著作

四、《本草》问世的艰难历程

明万历六年（1578年），《本草纲目》写成了。从开始编著时算起，已有二十七个年头，这时的李时珍已是一位60岁的老人了。

在这二十七年中，他阅读了近千种的著作，走了上万里的路，倾听了无数人的意见，经过持之以恒的努力，最终完成了这部著作。

《本草纲目》写成之后，李时珍为了这部书的出版，费劲了周折。

那时候，请人刻字印行是需要花许多钱的，清贫的李时珍根本就无力刊行。当时的一些出版商，面对近二百万字的书稿，又考虑到需要绘图制版等复杂的技术，心中就没了把握。于是书稿便无人敢接受。

《本草纲目》的出版虽然遇到困难，但却已被广泛地传开。不少有识之士通过各种途径告知李时珍，想办法请文坛巨匠王世贞为之作序，希望借其声望使《本草纲目》引起重视。

王世贞是当时赫赫有名的文学大家，独主文坛二十年，极负盛名。1580年，王世贞被朝廷免职家居南京太仓县。于是，李时珍于当年秋季由蕲州乘船顺江东下，经过几十天的长途跋涉，终于在九月九日到达南京太仓县，并在弇山园拜会了这位文坛领袖。

见到王世贞后，李时珍说明求序之意，并力说《本草纲目》编著的重大现实意义。可是，此时的王世贞正迷恋于道家养生成仙之术，对李时珍的恳切之言不屑一顾。相反，对于李时珍在《本草纲目》中对道教方士进行的批判和驳斥特别反感，加上李时珍刚到太仓时正赶上昙阳子升天，道教方士云集于此，王世贞正在其列。所谓昙阳子，本是太仓御职侍郎王锡爵的一个女儿，因为寡居抑郁而精神失常，平日常讲些道书上的话。这样的人物却被太仓的一批士大夫当做神仙来大肆宣传，有些士大夫还成了她的弟子，王世贞就是其中之一。

重阳节那天，昙阳子死了，几乎全太仓的官僚士绅都集合起来为他们的仙师举行窆葬仪式。李时珍认为昙阳子所说的都是虚妄之语，并力劝王世贞不要迷信，以免误伤身体甚至生命。王世贞不仅不听劝告，反而与李时珍发生争执。这时的王世贞宁可为昙阳子作传，也不想给《本草纲目》作序。

李时珍见无法求得王世贞为其作序，心情十分沉重。为了不使毕生心血付之东流，李时珍在南京开始悬壶行医。当时南京是五方杂居文人荟萃之地，又是明代出版业的中心，书商经营规模颇大，刻本技术精良。李时珍充分利用空余时间，寻找出版商协商刻印，并与当时金陵出版商胡承龙有过接触。虽然未有书商愿意承担起这样一部鸿篇巨制的刻印工作，但其卓越的医名在南京不胫而走。加之李时珍曾在朝廷太医院工作过，更使不少官府人员求治于他。李时珍充分利用各次机会宣传刻印《本草纲目》的重要性，同时还利用治病救人的机会批评沉迷道教成仙之术的民众和官绅。

1589 年，王世贞再度被朝廷起用，任南京刑部尚书。上任后的王世贞，已耳闻朝野内外不时地议论曾求序于他的李时珍"千里就药于门，立活不取值"的高尚品德。他利用自己的社会地位得到了民间传抄的《本草纲目》部分卷本，开始细心研读，并根据自己几十年来因信奉道教方士成仙之术而导致身患难言之疾的切身体会，深感李时珍《本草纲目》中所言此乃"帝王之秘录，臣民之重宝"的正确与可信。于是，特托人请李时珍给自己治病。

次年，李时珍再次来到王世贞的太仓县弇山园。这次相见，李时珍不仅为王世贞治好了因迷恋道教方士之仙术给身体造成的祸患，而且还感动了王世贞。当李时珍再次请求他作序时，王世贞欣然应允，并挽留李时珍在弇山园多住几

天。在这短短的几天里，这两位年过花甲的老人谈得十分投机。一位是文坛巨匠，一位是盖世名医，虽然他们各自奋斗的事业不同，但此时对待科学和真理的态度却是严肃认真的。

王世贞看完《本草纲目》后赞叹不已，称此书："薄而不繁，详而有要，综核究竟，直窥渊海。兹岂仅以医书觑哉？实性理之精微，格物之通典。帝王之秘录，臣民之重宝。"经过历史的验证，王世贞的评语是恰如其分的。王世贞还写道："予窥其人，晬然貌也，

瘤然身也，津津然谈议也，真北斗以南一人。解其装，无长物，有《本草纲目》数十卷。"此语既是对李时珍献身医学事业的由衷评价，也是对他高尚情操的真实写照。

就在王世贞给《本草纲目》作序的这年，即1590年，南京著名书商胡承龙在读了《本草纲目》手抄本后，认为这是一部极有价值的著作，理应流芳百世。当他得知王世贞已给《本草纲目》写了序，并给予了极高的评价时，便决定出资印行。而此时的李时珍已在南京济世救人十个春秋了，生活条件艰苦，损害了他的健康，他的身体日渐衰弱。交稿后，不得不匆匆启程回到家乡蕲州。

李时珍回蕲州后，由长子李建中代替他去南京，几经周折，才与书商胡承龙洽谈成功。自此，《本草纲目》开始付刻。

一听到刻印的消息，李家上下沸腾了。李时珍眼里饱含泪水，这是他一生的心血呀！

从此，李家开始忙碌起来。长子李建中与次子李建元是《本草纲目》的总校正，三子和四子进行重订，李时珍的孙子们也参与了工作。《本草纲目》的全部附图是李建中亲手绘成的，原图许多画稿是工笔彩色，十分真实清晰，这是李建中伴随父亲长途调研时写生临摹下来的。

时光飞快，当《本草纲目》全部刻完，四年已经过去了。即将印刷出版之时，李时珍去世的噩耗从蕲州传到了南京。李时珍与世长辞后的第三年（1596年），《本草纲目》在南京首刊出版。后人一致认为胡承龙在金陵（南京）刻印的《本草纲目》是最好的版本，世称"金陵版"。

李时珍在去世前曾叮嘱儿子李建元把《本草纲目》一书和《遗表》上呈给明神宗皇帝。遵照父亲的遗嘱，李建元于1596年11月将《本草纲目》和《遗表》献给朝廷。当只顾炼丹成仙的神宗皇帝接到《本草纲目》时，连看都没看，仅仅御批为"书留览，礼部知道"。

虽然《本草纲目》的出版问世未能得到朝廷的重视，可在民间却被广泛传抄。

金陵刻本不久销售一空，在李建元将其进献给朝廷不过六七年的时间后，江西人夏良心、张鼎思等人又以金陵胡承龙本为蓝本翻刻一版。刊行问世后立即受到朝野的注意，社会各阶层更把它视为家珍必藏之书。从《本草纲目》首次刻印问世，不到六十年的时间里，前后共陆续翻刻了九次，平均不到六年就重印一次。

《本草纲目》在中国传播之广、流传之久、影响之深，是其他医药学著作很难匹及的，它是中国医药宝库中的伟大著作。

中医大家与中医著作

五、《本草纲目》内容简介

    《本草纲目》是一本多学科集成的综合医学著作。全书近二百万字，分五十二卷，载药一千八百九十二种，绘制插图一千一百余幅，附治病药方一万一千多个。除了整理历代本草的成果以外，还新增三百七十四种。

    明代以前的文献对药物的分类不够明确，而《本草纲目》把所载药物以自然属性为基础进行分类，不仅分类明确，而且比以前更规范化、系统化。全书分为水、火、土、金、石、草、谷、菜、果、木、服器、虫、鳞、禽、兽、人共十六部，每部又分若干类。如草部又分十小类，其中芳草、毒草、蔓草、苔草等以性能形态区分；山草、湿草、水草、石草以植物生长环境来区分。在芳草类中的高良姜、豆蔻、缩砂蜜（砂仁）、益智子被归在同一类别，进行同系列分类。同时又对以乌头为主根，附子为侧根，天雄为须根的归乌头类进行族别分析。《本草纲目》的分类，在当时是规范化、系列化、科学化的典范，为后来的药学分类奠定了良好的基础。

    《本草纲目》的内容详实丰富，第一卷和第二卷都是'序列'，其载体和现代药物学的总论或绪论相似，首先列举编著引用的参考书籍、收载药品的来源和种数，再根据以前诸家文献来叙述药物的一般性质、药物的配伍、药用度量、治疗处方的原则、采药季节、调制技术、服药禁忌、妊娠禁忌和饮食禁忌等。

    第三、第四卷记载百病主治药，按主治病症分类，分别列举七十门病症的主要用药。例如喘逆门就列入麻黄、细辛、皂荚、桔梗、杏仁等有平喘、镇咳和祛痰功效的药物。疟疾门列入柴胡、黄芩、常山等有解热和抗疟作用的药物。这种以效果来分类的记载等于一种索引，无论在应用药物治疗时或进行药物研究时，它都提供了很方便的参考线索。

    第五到第十一卷记载矿物性药物二百七十四种，其中包括具有吸着作用的百草霜（锅底儿的烟炭），有消毒和轻泻作用的轻粉（氧化低汞），有中和过多

李时珍与《本草纲目》

胃酸及止血功效的石钟乳（碳酸钙），有治疥疮的硫磺，有补血的绿矾，有盐类泻药朴硝、芒硝和玄明粉（硫酸钠）等。

第十二到第三十七卷记载了一千零九十六种植物性药物，如草、木、果、菜。这一部分的内容更加丰富，价值也最宝贵。例如能减轻糖尿病的人参，有抗菌作用的黄连，能缓解月经痛的当归，有平喘和升高血压功能的麻黄，有泻下作用的大黄，能治麻风的大风子油，有抗疟疗效的常山，有驱绦虫作用的槟榔等等。

第三十八卷记载一些日常用品中可以用于治疗的东西，共七十九种，这一类以民间单方居多。

第三十九卷到第五十二卷记载了四百二十四种动物性药物，包括调味和营养药蜂蜜，强心药蟾酥，含有多种维生素的鳗鲡鱼和猪羊肝脏，可治甲状腺机能不足的猪、羊靥，能使人体强壮的鹿茸，补血和止血的阿胶，营养价值很高的牛乳和羊乳等。

《本草纲目》中每种药都配有一个名称，若干个释名、插图、形与性味说明，生长条件及品质说明，对主治疾病附有多个治疗方，并对附方中那些药物如何进行炮制都撰写得很详尽。李时珍认为只有这样才可以保证正确用药，达到治病救人的目的。例如王不留行，释名禁宫花、剪金花、金盏银台，性味苦、平，无毒。李时珍曰：多生麦地中，苗高者一二尺，三四月开花，如铎铃状，红白色。结实如竹笼草子，壳有五棱，壳内包一实，大如豆，实内细子，大如菘子。生白熟黑，正因如细珠可爱。又如菟丝子，释名菟缕、赤网、玉女、头焰草。性味辛、甘、平，无毒。李时珍曰：其子入地，初生有根，及延长草物，其根自断，无叶有花，色微红，香气袭人。结实如秕豆而细，色黄，生于梗上为佳。以上把王不留行和菟丝子描写得非常细致，给人以直观感，突出特性，

便于识别。而且生长地和生长条件写得一清二楚，便于种植和寻找药源。这些都为中药材的形体识别、品质鉴定和扩展药源提供了可靠的依据。

在炮制与治疗结合方面也做了详细叙述，如五加皮丸，主治：脚气、骨节皮肤肿湿、疼痛。服此丸进饮食，健气力，不忘事。方剂：五加皮四两（酒浸），远志（去心）四两（酒浸），春秋三日，

夏二日，冬四日，干为末，以浸酒为糊，丸如梧子大，每服四五十丸，空心酒服下。又如龟甲补阴丸，主治：阴血不足，去淤血，止血痢、续筋骨、治劳倦、四肢无力、腰脚酸痛。补心肺，益大肠。方剂：龟下甲（酒炙）、熟地黄（九蒸九晒）各六两，黄檗（盐水浸炒）、知母（酒炒）各四两，石器为末，以猪脊髓和，丸如梧子大，每服百丸，空心温酒下。

　　《本草纲目》把每个附方中的药材组成、炮制方法都描述得非常清楚、到位，汇集着李时珍的辛劳、智慧、经验和技术，也汇集着他充分为患者着想的思想。他把种药、采药、制药、炮制的系统工程与治病密切结合，以达到救死扶伤的最终目的。

　　在《本草纲目》中李时珍也很强调药性味对身体的影响，告诫民众注意日常饮食的养生保健。在水部，李时珍曰："盖水为万化之源，土为万物之母，饮资于水，食之于土，饮食者，人之命脉也，而营为赖之。水去则营竭，谷去则卫亡，然则水之性味，尤其病卫生者，之所当潜心也。"告诫人们人的生存主要靠水和谷物来维持，但不能乱吃乱喝，要知道食物的性味才能吃得适当，喝得适宜。要了解水谷的性味，根据自身情况来选择饮食。又如温汤，释名温泉、沸泉，性味辛热、微毒，主治诸风筋骨挛缩及肌皮顽痹、手足不遂、疥癣诸疾，在皮肤骨节者入浴。浴讫，当大虚惫，可随病与药及饮食补养。"非有病人，不宜轻入。"即告诫人们不是有病需要千万不要乱用保健饮食。用现在的观点来说，天然饮品虽好，但不经过严格检测不能乱用，否则很可能会造成微量元素对身体的损害。因为明代没有那些检测手段，所以李时珍提出非有病人不宜轻入。又如山岩泉，这是当代最普及的矿泉水饮品，被认为对人体有营养保健作用。但李时珍说：身冷力弱者，防致脏寒，当以意消息之。告诫人们矿泉水用于养生保健也要根据自身情况饮用，体弱一定注意脏寒，防止胃肠受凉。

　　在谷部，李时珍说："百谷各异其性，岂可终日食之而不知其味损益乎？"就是说我们吃的各种食物性味不同，如果不知道它的性味，怎么知道吃什么对自己的身体有益或有害呢。如小麦，性味甘，微寒、无毒。主治去客热，止烦渴咽燥，利水便。养肝，养心气，令女人易孕。又如稻米，性味甘、温，无毒。

主治益气止泄、虚寒泻痢，暖脾胃、收自汗、缩小便。做饭温中，令人多热，大便坚。面粉和稻米是我国人民的重要食粮，李时珍指出只有了解其性味，在日常调理上才可以根据自身情况妥善安排。像阴虚热者多吃点麦类食品，阳虚冷者多吃些米饭，通过饮食调节达到治病效果。

在菜部，李时珍说："菜之于人，补非小也。但五气之良毒各不同，五味之所有偏性，民生日用而不同。"就是说各种蔬菜为人们所食用，但菜本身存在着寒、热、温、凉的不同药性，古时候也称四气，还有一些平性的，热寒性不甚明显。菜有辛、甘、酸、苦、咸五味之分，不同的菜有不同的味，不同的菜有不同的性，它们都对人体的健康发挥着不同的作用。科学饮食，注意膳食平衡，李时珍早就提醒我们了。

《本草纲目》对于有毒药物的记载特别详细，说明李时珍对毒性药物的认识是很明确的。一方面，在《本草纲目》所载一千八百九十二种药物中，性味

项下标明毒性者有三百五十种之多。另一方面，标注毒性的药物又有"大毒""有毒""小毒"和"微毒"之别。其中，大毒者二十二种，有毒者一百六十多种，小毒和微毒者一百五十多种。值得一提的是，在《本草纲目》所记三百五十多种毒性药物中，李时珍还记载了六十多种毒性药物加工炮制的方法。其中，李时珍独创的就有三十多种，许多方法至今还沿用。此外，李时珍还搜集了不少毒性药物的解毒方法，并已经认识到了外来品曼陀罗、阿片的毒性，大大丰富了毒性药物的内容。但我们也应该看到，由于历史条件的限制，李时珍《本草纲目》在记载毒性药物时也难免漏误。如莨菪，虽有诸前贤"有毒"定论在前，仍认定为无毒；首次记载马钱子(番木鳖)即认定其无毒；朱砂含汞，久服可致汞中毒，也没加以说明等，这些都是我们在研究毒性药物中应加以注意的。

总之，《本草纲目》是一部内容广泛的、高度科学性的伟大著作，也是一部涵盖着药物学、植物学、矿物学、动物学、营养学、毒理学等学科的百科全书。不仅在我国医学史上是一项伟大的成就，就是在世界医学领域里也占有极其重要的地位。

六、《本草纲目》的传播及影响

《本草纲目》能成为一部不朽之作，关键在于它不是一般意义上的"本草"。而是以中药作用为依托的，包括中医基础理论、药物、方剂、临床应用等众多学科的综合体。它的理、药、方、治几乎涉及到了中医学的所有内容，对中医学的发展有着非凡的意义。

当然，对人类贡献最大的还是它的药学成就。它集历代本草之大成，体现出了本草知识的全面性；它准确的归纳总结，体现出了药性理论的系统性；它细腻的分析和表述，体现出了本草内容的科学性；它清晰的纲目结构，体现出了本草文献的逻辑性；他丰富多彩的笔法，体现出了本草学的广博性；他创造性的自然分类法，体现出了药物分类的先进性等。这些都是了不起的成就。

特别值得一提的是李时珍的类科学分类法，它与传统的按上、中、下三品对中药进行分类的方法相比是质的飞跃，与如今的自然分类法基本接近。它从一定程度上揭示了植物的自然类群，使人类对植物分类研究的进程向前推进了一大步。它的出现，比 1735 年林奈提出的自然系统理论早一百多年，并且其内容比后者丰富得多，无怪乎许多学者把它称为"古代最完美的分类法"。

我国古代的炼丹术曾为矿物学、化学的发展积累了许多知识，但由于它严重脱离了广大劳动人民的生产实践，脱离了社会的实质需求，其技术也就不可能得到发展。而李时珍的研究是面向实际、面向人民的，所以他在化学和矿物学方面的成就自然就远远超过了炼丹术。

《本草纲目》里矿物学方面的资料已相当丰富，它共记载着矿物药材一百多种。我们从李时珍的记载中可以知道，当时金矿的主要产区在湖南、湖北、四川、云南；铜矿产于四川、两广、云南、贵州；山西出明矾；朱砂以湖南辰州的最好，所以又名辰砂；蒲州的胆矾最为上品等等。

在矿物的颜色、性形、成分和真伪鉴别方面，《本草纲目》所收集的资料就更加丰富了。例如金子是贵重金属，金的纯度不够，颜色也就有差别，即"七青、八黄、九紫、十赤"，只有十成的纯金才是赤色的。李时珍还收集不少化学鉴定法。如胡粉又名铅粉，是铅的一种化合物，李时珍写道："胡粉得雌黄而色黑。"雌黄是一种硫化物，胡粉与雌黄接触可以生成硫化铅，由于硫化铅是黑色的，所以胡粉遇到雌黄而变黑。这是一种简便又快速的鉴定方法。

现代化学十分注意研究晶体。从《本草纲目》中我们也可以知道，从公元5世纪以来，我国的劳动人民就已经懂得用盐类的多次结晶来制造药物了。把粗制的芒硝放在锅里，用水煮化，倒入盆中，待慢慢冷却后就可以得到大块的透明结晶。这种经过重结晶的芒硝纯度很高。

《本草纲目》对水质的研究也很细致、深入，它把水分成天水与地水两大类。天水包括雨水、雪水等，从现代化学角度来看，雨水、雪水在一定程度上可以说是一种天然的蒸馏水，杂质较少。由于当时科技不发达，还没有人造蒸馏水，但李时珍却已经会制造和利用这些天然蒸馏水以供药用了，他认为天水比地面的水煎药更好。他认为露水也是一种天水，也可以治病，柏树叶子和菖蒲叶上的露水就有明目的作用。我们现在知道，这些露水都含有该种植物的微量分泌物，有一定的灭菌作用。由此可见，李时珍的看法是有一定科学根据的。

随着国际文化交流的兴起，《本草纲目》流传到了国外，声名鹊起。它首先通过海路传到日本，随后到达朝鲜、东南亚、欧洲乃至全世界。特别是日本，由于地理及文化渊源的关系传入较早，影响也颇深。

据日本医学史料记载，《本草纲目》最早传入日本是在庆长十二年（1607年）。当时一名叫林道春的名医从长崎得到一部金陵版的《本草纲目》，看完后，觉得这本书不仅有利于汉方医药学的发展，也很适应日本国药材生产发展的经济政策，于是迅速将其献给了当时的幕府首脑德川家康。德川见之如获至宝，常置幕府座右备查，所以这部书又被称为"神君御前本"。

据《罗山先生行状》载，林道春于1608年赴骏府，日日为德川家康进讲《论语三略》，"更与医官研讨医药之事"，则他很可能也向德川家康讲了有关《本草纲目》的内容。继此之后，金陵本、杭州本及其他版本

的《本草纲目》善本也陆续经山海路由中国商船(唐船)直接载入日本。我们可以从日本汉学家大庭脩的著作中查得不同时期的"唐船"向日本出口《本草纲目》等汉籍的详细情况。根据上野和大庭的考证，可以看到1705年、1706年、1710年、1714年、1719年、1725年、1735年、1804年、1841年及1855年每年

从南京和广州来的"唐船"都携带有《本草纲目》到长崎，其中1719年第22号南京船一次就带去五部，再由长崎转运到江户(东京)、京都等地。以上是有档案可查的，不为《商舶载来书目》等所记录的流入日本的《本草纲目》还有很多。

刚传入日本的时候，医药学家们争相传抄。林道春为了人们能更好地阅读掌握其内涵，特别写了《多识篇》《本草纲目注》，这是最早介绍《本草纲目》的入门书和工具书。

1637年，日本出现最早的"和刻本"《本草纲目》。此书以"江西本"为底本，用和文加以训点，由野田弥次右卫门刊行，也称"宽永本"。其后相继出版了"承应本""松下本""贝原本""益轩本""若水本"等多种版本。可见在明末清初近七八十年时间里，《本草纲目》仅在日本就翻刻了八个版次，数量已超过中国。

在江户时代的二百多年间，日本学术界学习和研究《本草纲目》的风气一直很盛，同时涌现出了许多著名的致力于《本草纲目》研究的学者。与此同时，一批本草学家应时而生，他们借鉴《本草纲目》纂著专书，如《庖厨备用倭名本草》《语本草纲目》《大和本草》《庶物类纂》《本草纲目启蒙》。这些本草学家为《本草纲目》在日本的广泛传播做了大量的工作。

18世纪，《本草纲目》经辽东陆路过鸭绿江传入朝鲜。虽然我们迄今没有看到朝鲜半岛的翻刻本，但朝鲜半岛上的医药学者都把《本草纲目》当做重要的参考书。根据日本研究朝鲜半岛医药史的专家三木荣的《朝鲜医学史及疾病史》一书中提供的资料，使我们对《本草纲目》在朝鲜半岛的传播有了更多的了解。

《本草纲目》问世时，正值朝鲜史中李朝（1396—1910年）的中期

（1568—1800 年）。这一时期有代表性的医书有《乡医集成方》《东医宝鉴》等，都引用了《证类本草》。但是，从这以后情况有了变化，朝鲜学者转而引用《本草纲目》。李朝肃宗三十八年（1712 年）成书的《老稼斋燕行录》中，在"所买书册"项下见有《本草纲目》。这是朝鲜使者从北京坊间购得带回朝鲜的。

18 世纪以后，《本草纲目》中国原刊本陆续流入朝鲜。于是从英祖、正祖以来，此书便成为朝鲜医家所熟悉的参考书了。到李朝末期，《本草纲目》的影响尤为显著，像在日本一样，它取代了《证类本草》原来所占的地位。

成于李朝正祖时期的《本草精华》二卷，就是按《本草纲目》编写的，附朝鲜文谚字解。但此书作者及撰写年代不详，未曾刊刻行世。正祖 14 年（1790 年），朝医李景华著《广注明秘方》四卷，在引用书目中提到《本草纲目》。此书分救急、杂病、妇科、小儿科及药材等篇，由咸镜道观察使李秉模为之刊印。引用《本草纲目》最著名的医书是《济众新编》。其《济众新编》八卷成于正祖 23 年（1799 年）。康命吉将当时常用医方予以系统编纂，除引用《东医宝鉴》等朝鲜医书外，还大量引用《本草纲目》《医学入门》《医学正传》及《赤水玄珠》等中国医药著作。这部朝鲜医书用汉文写成，还在清代嘉庆 22 年（1817 年）由北京经国堂翻印，受到中国医界的欢迎。

李朝纯祖时，朝医洪得周将《本草纲目》中的附方编辑五十卷，题为《一贯纲目》，刊行于义州府。另一位朝鲜学者徐有榘编撰了一部一百一十三卷五十册的巨著《林园经济志》，这是一部有关自然经济和博物学的大部头类书。全书分水利、灌畦、艺畹、网渔、鼎俎、保养、仁济等十六志，有关本草部分包括在保养志卷第五服食部，被分为服气方、服水方、服金石方、服草木方、服果

方及服谷方等，其中屡次引用《本草纲目》各卷内容。因为此书篇幅过大，未能刊行。徐有榘原家藏写本今存于日本大阪府立图书馆中。

黄度渊是李朝末期在京城(今首尔)武桥开业的朝鲜名医，他在哲宗 6 年（1855 年）编了一部《附方便览》。此书共十四卷，书内所列各种疾病大体上仿效李朝中期太医院首医许浚于光海君 3 年(1610 年)著《东医宝鉴》的目次，但在各处方注中则引清人蔡烈先所编《本草万方针线》，而蔡著

正好是李时珍《本草纲目》的附方目录索引，可见黄度渊的这部分药物学资料显然来自《本草纲目》。

黄度渊后来又将其《附方便览》增订成《医宗损益》，还附有《药性歌》，总共十二卷六册，于高宗5年刊行。《药性歌》可视为一部单独的本草著作，因此又称为《损益本草》。它是康命吉的《济众新编》的补编。所谓药性歌，是用四言四句的诗歌形式概括描述诸药之性味、疗效等，使人易于记忆和掌握。值得注意的是，黄度渊《药性歌》对药物的分类采用了《本草纲目》较为进步的分类法，在每首歌下的注中，列出各药的朝鲜名，并大量从《本草纲目》正文中作了征引。

黄度渊把中、朝古医方集的庞大篇幅予以提炼，又借助《本草纲目》对药物给以解说，汇医方与本草为一体，做出显著成绩，无怪乎此书被尊为当时朝鲜一流医药全书。

19世纪末，另一位朝鲜医家池锡永著《本草采英》。顾名思义，此书意在采集《本草纲目》之精华予以叙说。是《本草纲目》的摘录。

从以上所述可以看出，自从《本草纲目》在18世纪初传到朝鲜半岛后，在二百多年间对朝鲜医药学的发展也产生了良好的影响。

据考证研究，在现代的越南、缅甸、巴基斯坦、尼泊尔等东南亚各国以及印度、斯里兰卡等国家的图书馆和私人藏书家手中都发现有《本草纲目》的各种版本。上述各国医药界人士对此书倍加赞赏，常常作为指导他们医疗实践的重要参考书，对发展其医药事业有很大帮助。

在西方，《本草纲目》被看做博物学百科全书。《本草纲目》通过西方来华传教士和驻华使馆人员传入西方，比东方传播的时间要晚一些。它在西方学者心目中的价值与在日本、朝鲜学者心目中的价值相比有所不同，他们所感兴趣的首先是它的矿物学和植物学方面的广博知识与资料，而生物学方面的影响最为突出。

18世纪初中叶，《本草纲目》通过海路传入欧洲。我国著名科学史学家潘吉星教授曾在国外专门考察过《本草纲目》的流传状况，他奔走于各国图书馆及汉学研究中心，与欧美各国汉学家广泛接触，交流信息，切磋学问。据他的考察报告称，他在法国巴黎国民图书馆、英国伦敦大英博物馆、德国柏林图书馆、美国华盛顿国家图书馆，以及英国的剑桥、牛津、曼彻斯特，美国纽约、费城、普林斯顿、芝加哥、旧金山等城市都见到了各种版本的《本草纲目》。俄国、意大利、荷兰、瑞典、西班牙、比利时等欧洲国家也分别藏有各种不同版本的《本草纲目》，尤其是德国柏林图书馆收藏的金陵本更为珍贵，受人瞩目。

据考证资料表明，《本草纲目》还影响了生物学的两位伟大先驱，他们就是植物分类学的创始人林奈和生物进化论的创始人达尔文。

瑞典伟大的博物学家卡尔·冯·林奈比李时珍晚出生大约二百年，曾创立生物分类学的理论基础，被誉为"为自然界立法的人"。另一位瑞典植物学家拉格斯特朗曾经将其在华期间精心采到的一千余种植物标本和《本草纲目》的中文原著送给林奈，我们在林奈的学术论文《自然系统》中不难找到《本草纲目》的痕迹。这篇论文确立了他在植物分类学历史上的卓越地位，显然《本草纲目》已成为他建立植物分类学思想的知识源泉之一。

英国伟大的生物学家达尔文，在奠定进化论理论基础时，直接或间接地引证过李时珍的《本草纲目》。他曾借助于大英博物馆东方文献部主任贝契的帮助，引用了《本草纲目》中的动物学内容。达尔文在研究某些生物的变异时，从《本草纲目》中找到了许多支持他的理论的历史依据。

美国拥有丰富的中文藏书，学者潘吉星于 1982 年 5 月在美国最大的国会图书馆里得见其所藏 1596 年金陵版及 1603 年江西本《本草纲目》。美国金陵版藏本基本完好，印以浅黄色竹纸，但有一部分被虫蛀。此书卷内有眉批朱笔校字

和校者题款。如卷十三有"辛巳八月二十六日已读过，七十九翁枳园"，下面印有"立之"的朱印。卷十四有"已读过，加朱笔。森立之"的字迹。由此可知，国会图书馆藏金陵本起初是由我国流入日本，再由日本传入美国。此本不但是初刻本，且经日本著名本草学家森立之校读。在美国其他地方，如普林斯顿大学葛斯德图书馆、纽约哥伦比亚大学、芝加哥大学、哈佛大学、耶鲁大学及费城宾夕法尼亚大学图书馆的东亚藏书部，我们都可看到明清诸版《本草纲目》。说明 18、19 世纪以来，《本草纲目》已流入美国各地。

20世纪以来，《本草纲目》除继续被欧洲人注意与研究外，美国人也在这方面做了大量工作。上世纪初，美国的米尔斯在朝鲜教学时就有将此书译成英文的志愿，他和他的朝鲜同事多年致力于此，译成稿本四十余册，后因事返国，遂使此事中断。1920年米尔斯将稿本连同标本移交给当时在北京的英国人伊博恩。

伊博恩早年攻药物学，获博士学位，来华以后在1920—1935年任北京协和医学院药理系主任兼教授，1935年后任上海雷士德医学研究院研究员。他在米尔斯工作的基础上，与中国学者刘汝强、李玉仍和朝鲜学者朴柱秉等人合作，积多年努力终于在20年代至30年代分期用英文对《本草纲目》中总共四十四卷内容做了全面研究和介绍，涉及到原著中的草部、谷部、果部、木部、兽部、人部、禽部、鳞部、介部、虫部及金、石部。在这项工作中，首先从《本草纲目》中选出各种药物的条目，再鉴定其名称，述明有效成分，并参照诸家论著加以注释，每种药都标出其中文原名、学名，全书附以插图及药名索引。

这是一项工程浩大的工作，虽不是《本草纲目》的英文全译本，却是全面研究此书的佳作，原著中的精华基本都介绍出来，为西方读者了解原著内容提供了一条捷径。

上世纪初，美籍德裔汉学家劳费尔1919年发表《中国伊朗编》。在此书中，《本草纲目》被用来研究栽培植物史及中国、伊朗文化交流史。劳费尔在序言中说，他在这项研究中参阅了"李时珍在1578年所完成的那部包罗万象的有名的《本草纲目》。"还说："尽管该书有许多错误和不正确的引证，但它仍然不失为一部不朽的巨著，学识渊博，内容充实。"劳费尔在谈到葡萄酒时指出："在作者中以16世纪的李时珍为第一人，他有条理地叙述和有见识地讨论葡萄酒。他熟知这种酒在古代只有西域国家制造，唐朝破高昌之后，制酒术才传到中国。"这里指的是《本草纲目》卷二十五谷部中的有关内容。

在劳费尔根据《本草纲目》著书立说的同时，当时在上海的美国教会医生师图尔也在将先前史密斯对《本草纲目》草木部研究作品加以增订，于1911年再版于上海。

进入 20 世纪 70 年代后，西方研究李时珍及《本草纲目》的学者仍不乏其人。

一部中国古代的本草学著作，被奉为至宝，无非在于它里面蕴含的智慧价值和科学价值。

李时珍和《本草纲目》的伟大贡献，很难进行全面、完整的表述。著名中国科技史研究专家李约瑟博士的评价较具有权威性和代表性，他说："李时珍和伽利略、维萨里等人在科学活动被隔绝的情况下，能在科学上获得如此辉煌的成就，这对任何人来说都是难能可贵的。"他又说："毫无疑问，明代最伟大的科学成就，是李时珍那部本草书中登峰造极的著作《本草纲目》，至今，这部伟大的著作仍然是研究中国文化中的化学史和其他各门科学的一个取之不尽的知识源泉。"

宋代儒医

　　儒医是儒学与医学相结合的产物，即以儒学学说作为行医的指导思想。儒学是中国文学史上的一种独特现象。由于受传统道德观念的影响，宋代儒医有许多代表性人物，他们所形成的济世救人、不为名利、仁爱施治的行医作风及尚德尚医的良好风气，对后世有着极其深远的影响。"儒医"也就此成为对后世历代医家的最高称誉。

一、"儒"与"医"

儒学是中国传统文化中的核心内容，在中国文化领域中占有统治地位。自汉武帝"罢黜百家，独尊儒术"以来，儒学便一直被历朝历代奉为正统思想，受到了统治者的高度重视并被大力提倡。经过两千多年的渗透，它深深地融入到中华民族的血液之中，长期制约着华夏民族的思维方式、行为方式和生活方式，并成为中华民族文化生活的最高指导原则，它影响着中国社会的诸多领域、诸多方面和诸多阶层，也影响到医家的思想和中医药理论的形成与发展。

中医是世界文明史上的奇迹，是我国宝贵的文化遗产之一，也是世界非物质文化遗产之一。它根植于中国的传统文化，其理论和实践均与儒学有着千丝万缕的联系。在中医学形成与发展的过程中，中医理论从思维方法、伦理道德到治病救人、养生保健，各方面都受到了儒家思想广泛而深远的影响。

"医乃仁术"，"仁"本是儒家最高道德思想原则之一，同时它又被引申为医德思想的核心，行医的目的是济世救人，解除人之疾苦，救助人之危难，所以医学一直以来被儒家视为实现"仁爱"理想的一条重要途径，故而被称为"仁术"。

儒家另一个道德思想原则——"孝"，也深刻影响着中国传统医学，甚至成为许多人学医行医的动机和目的。中国古代有"为人子不可不知医"之说，古人为尽孝而学医，以孝奉养父母；又有"身体发肤，受之父母，不敢毁伤"之说，古人为尽孝而善身，以孝保养自身。东汉名医张仲景在《伤寒杂病论·自序》中指出"留神医药，精究方术"就是为了"上以疗君亲之疾，下以救贫贱之厄。中以保身长全，以养其生"。

此外，受儒家思想的影响，一些医家还把养性养德列为养生之首。唐代医家孙思邈在《备急千金要方·养性序》曾经提到："道德日全，不祈善而有福，不求寿而自延，此养生之大旨也。"可见儒家的思想与医学处处相关。

在历史上一直被儒家奉为经典的《周易》也与中医学有着密切的关系，在后世中医学的发展中影响尤为显著。历史上很早就有"医易相通，儒医相通"之说，历朝历代也都曾出现过很多精通医易之理，并将之应用于临床的医学大家。由此观之，医学与儒学同出一辙，关系密切。

宋代林亿也曾说过："通天地人曰儒，通天地不通人曰技。斯医者，虽曰方技，其实儒之事乎！"与他同时代的医官赵从古也提到："医术比之儒术，固其次也。然动关性命，非谓等闲……儒识礼仪，医知损益。礼义之不修，昧孔孟之教；损益之不分，害生民之命。儒与医岂可轻哉，儒与医岂可分哉！"这都是认为医、儒两家相辅相成、异曲同工之论。

宋代儒医

二、"儒医"起源

所谓"儒医",是指具备相应的知识素养和学习能力的医家,包括先儒后医、先官后医以及儒而通医者。儒医并非单纯的既通儒又通医之人,更重要的是他们以儒家思想来指导行医生涯,有着淡泊名利、仁慈善良的品质,把医术作为济世救民、实现儒生理想的手段。

在中国古代社会中,医生作为一种职业,被列为方技卜相之流,地位是比较低下的。韩愈在《师说》中曾说"巫医乐师百工之人,不耻相师",当然那些医术高明备受百姓欢迎而记入史册的医生除外。到北宋时期,医生的地位发生了根本性的变化,由于朝廷对医学的重视,医生地位大大提高,开始有"儒医"之称。《宋会要辑稿·崇儒》:"伏观朝廷,兴建医学,教养士类,使习儒术者通黄素,明诊疗,而施于疾病,谓之儒医。"

儒医的产生主要与宋代统治者重视医药文化有关,也可以说儒医是自宋太祖以来的北宋统治者长期刻意培养扶植的产物,也是医儒两家相互结合的结果。

在北宋建国初期,为了防止出现割据的局面,宋太祖赵匡胤采取了中央集权、文官治国的举措,提出"宰相需用读书人",并立下"不杀士大夫"的家法。此后宋太宗赵光义又提出"兴文教,抑武事"。在这些政策的影响下,对文教的重视蔚然成风,文士的培养和选拔得到极大加强,在京师设国子学、太学、律学、医学,培养各行业的官吏。大量培养文士,客观上促进了科学文化的发展。其中不乏重视医药的文士,他们进入医学队伍后,使医学队伍的结构发生变化,提高了医药人士的素质,无论对医学理论的发展还是临床经验的总结提

高,都起到重要作用。同时由于北宋统治者十分重视医疗事业、医药学术及医药人才的培养,另设太医局专管医学教育,培养专业人才,规定医学生必须修学儒家经典,向其灌输儒家学说,培养了以儒家思想为指导的、有别于以往医师的儒医人才。在政府的支持和影响下,出现了安济坊、保寿粹和馆、福田院、慈幼局、漏泽园、病囚院

等医疗慈善机构。朝廷还设置药政机关，同时颁布了许多与医药卫生相关的律令。

近代学者谢观曾说过："中国历代政府重视医学者，无过于宋。"的确，在中国古代没有一个王朝比宋王朝尤其是北宋更重视医学的了。北宋九位皇帝中有七位懂医药学，并且相当重视医药学的发展。

宋太祖赵匡胤本身就通晓医学，建国之初便下令修订第一部药典性本草《开宝新详定本草》，并亲自撰序。这种做法表明了宋初期统治者对医药事业的重视。同时赵匡胤为医籍作序的做法也为宋代后世几位帝王所效仿延续。其弟宋太宗赵光义，未登基前就非常重视医药，收藏历代名方千余首。称帝以后，宋太宗下令翰林医官各献家传验方，竟得万余方，于是又命医官王怀隐等再搜民间单方、验方，纂修方书《太平圣惠方》一百卷，收方 16834 首。同时还下令编修一部 1000 卷的方书《神医普救方》（现已佚），并亲自为两书作序。宋仁宗赵祯时期，除了再次征集医书医方外，还成立了"校正医书局"，对宋以前的医药书籍进行校正，将中国重要医籍《素问》《伤寒论》《脉经》《诸病源候论》《千金要方》《千金翼方》等书作了整理，使后世医家研读有所依据。同时命令王惟一撰修《铜人腧穴针灸图经》，并铸造针灸铜人，标定穴位，以供教学之用，成就了中国医学史上的一项伟大的功绩。而宋徽宗甚至亲自撰写医著《圣济经》，总结医学理论。

由于宋代统治者对医学的这种重视，宋代士人知医成为了一种风尚，如苏颂、林亿、文彦博、苏轼、沈括等文士都精通医学或养生之术。

虽然在宋以前医学被士大夫阶层视为小道，但医术确是最能体现儒家核心思想"仁"学的一项技术。如果所用药物与病症相符，能够做到药到病除的话，既可保全自己又可以治疗亲人的疾病，又能达到解除百姓疾苦的目的。那么，何乐而不为呢？所以宋代士大夫对医药学的重视程度也达到了前所未有的程度。在《宋元学案》中曾有这样的一段记载：有一个商人派自己的儿子到京都去学习，可是这个书生身患重病，几乎将所带的钱财都花光了，也没能把病治好，病情反而越来越严重。这个时候他的父亲来到京都，带着他去拜见老师。老师拿出一本书说："这本书可以教你养生之术，等你懂得养生之后，再来向我求学吧。"这本书就是中医的经典著作《黄帝内经·素问》。读过此书，书生非常自责不懂医理，老师见这个学生已经悟出了一些道理，便教诲他说："知爱身，则可修身。"这位老师就是北宋著名的学者、教育家胡瑗先生，也被称为"安定先生"。

儒家教育自己的弟子"修身、齐家、治国、平天下"，也就是说要实现自己的远大抱负，首先要懂得医理，爱惜自己身体，能够保全自己的身体，然后再去提高自身的道德修养。而一旦儒生无法实现治国、平天下的政治抱负，又可以有另一条出路，那就是做一名良医，救百姓于病痛，以高尚的医德扬名。北宋著名政治家范仲淹所说的"不为良相，当为良医"，则高度概括和充分表达了这一思想倾向。在他看来，做官与行医都是儒生可以担当的职业。医人同治世都是一种作为，一种奉献。正是这一旷世流芳的儒士箴言，开创了儒士学医、行医之风，一时间"儒医"成为医家向往的美誉。

在宋代知医风尚的影响下，宋代著名的政治家、文学家司马光、王安石、文彦博，还有一批文坛巨匠苏轼、沈括、陆游等都以儒通医，医学功底也都十分了得。他们其中还有不少人亲自整理收集验方、家藏方，如陆游的《续集验方》、苏轼和沈括的《苏沈良方》等均属此类。而名医朱肱、许叔微等既出自儒门，又都是进士出身，并有任官执政之经历。再如医家之子的孙奇、孙兆等人也都考取进士，任官后又兼行医，都属于儒而兼医之人。范仲淹"不为良相，当为良医"的名言，也鼓舞了众多的士大夫文人步入岐黄之路。此时的儒医之说已满足了相当一部分落魄儒士的心理需要，他们以此名正言顺地学医习医，又用以谋求生计。因此，两宋时期举业不成或因忤罢官而改从医业并成为著名医家的也不胜枚举，如朱肱、董汲、崔世明等人，在医术上均颇有建树。

实际上，范仲淹"不为良相，当为良医"的思想对近代也是不无影响的。翻开一部近代史，半殖民地半封建社会的现状，让许多有志于拯救国家的热血青年在寻求治国之路的过程中选择了学医，如孙中山和鲁迅，最初都走了学医之路，将医人与治国紧密地联系在一起。当然，这也是儒生的一种理想。

金元四大家之一的张从正曾说："医家奥旨，非儒不能明。"儒医本身儒学修养的功底很深，对于研究医理、发展中医学术理论、发扬仁爱的医德及丰富中医药文化起到了重要作用。

三、尚医士人

宋代历朝皇帝对医学十分重视，并亲自征集医方，编撰医书。受此影响文武百官也都颇多关注医学，形成了一种士人崇尚医药的风气。如著名的政治家范仲淹、王安石等一改过去"医为小技"的思想，大力提倡和推崇医药，对我国医药卫生事业的发展与改进起到了很大的作用。

宋代儒医

（一）范仲淹——"不为良相，当为良医"

"先天下之忧而忧，后天下之乐而乐"这一千古传诵的名句，想必是人所皆知的，它就出自于北宋著名的政治家和文学家范仲淹的《岳阳楼记》。

范仲淹，字希文，苏州吴县人。生于宋太宗端拱二年（989年），卒于宋仁宗皇祐四年（1052年），终年64岁。

范仲淹两岁的时候，其父病逝，他便随母亲改嫁，从小就过着十分贫苦的生活。在追忆自己的少年生活时，范仲淹曾这样说："少年时代的学习生活是极为艰苦的，每天只能煮一锅粥，等粥凉了以后，切分成四份，早晚各吃两份，拌几根腌菜，加半杯醋，吃完继续读书，就这样生活了三年多。"

范仲淹学习非常刻苦。在应天府书院读书时，曾五年没有脱衣就枕。寒冬时节，困倦了，便用冷水洗脸，然后再继续读书。而且经常吃不上饭，只以粥充饥。一位官员的儿子和他是同学，非常同情他，便把他学习勤奋、生活艰苦的情况告诉了父亲。于是这位官员叫儿子把官府为自己准备的饭菜送一份给范仲淹。可是范仲淹竟然一口未动，直到这些饭菜发霉了，人家责问起来，他才解释说："我吃粥吃惯了，一旦吃了好的，日后就要以吃粥为苦了。"

经过多年的刻苦学习，范仲淹于公元1015年考中了进士，时年26岁。此后，他曾任参知政事（相当于副宰相）。任职期间，他认为当时的朝政存在着一些弊端，于是提出改革政治的十项主张——"十事疏"，包括主张建立严密的仕

127

官制度、加强农桑、整顿武备、推行法制、减轻徭役等。在他的各项提议中，也包含了他对医学的重视。

范仲淹在为官期间曾注意到当时社会上的良医太少，而且医疗事故颇多，认为这是国家对医学重视不够所导致的。而他本人又一直把医药事业摆在很高的地位，因此，他奏请皇帝在翰林院举办医学讲习研究班。他在《奏乞在京并诸道医学教授生徒》的奏议中这样写道："今京师生人百万，医者千数，率多道听，不经师授，其误伤人命者，日日有之。"首先他提到了当时京城开封医生很多，但没有经过专业知识的传授，所以经常误伤人命，这种情况是令人十分担忧的。之后他又举出周代对医学的重视，设立了专门的医事制度以及考核标准，"《周礼》有医师掌医之政令，岁终考其医事以制其禄，是先王以医事为大，著于典册"。之后进一步恳请皇帝，选拔一些精通医术、医理之人来讲解《素问》《难经》等经典医籍以及脉诊、药物、针灸等内容，同时召入京城一些学习医学的人来听，三年之后进行选试。范仲淹认为这样一来"……不致枉人性命，所济甚广，为圣人美利之一也"。他的建议很快被皇帝所采纳，从宋仁宗庆历四年（1044 年）开始，由北宋的国子监（当时国家的最高学府）选派名医孙用和、赵从古等人，到武成庙为学生讲授医学经典以及诊疗技术和药物知识，这一举措使得北宋的医学教育空前繁荣，也大大提高了习医者的素质和医疗技能。可令人遗憾的是，由于范仲淹遭到了朝廷里保守派的攻击和排挤，不久受到多方诋毁被免除了参知政事一职，而医学讲习研究班也在京城开封随之解散。不过，他崇尚发展医学的主张，由于符合时世的需要，被后人继承了下来。

范仲淹作为一位政治家和文学家，始终以天下为己任，在历史上有敢言之名。而他对医学也是颇有见地，一句"不为良相，当为良医"，流芳千古。

据宋人吴曾的《能改斋漫录》卷十三《文正公愿为良医》记载：范仲淹在少年还未考取功名的时候，有一次去祠堂求签，他问的是自己日后能否当上宰相，看得出当时他的志向已经十分远大了。可是求签的结果却表明不可以。于是他又求了一次签，祈祷说："如果不能当宰相，那我愿意当一名良医。"结果签文显示的结果还是不遂人意。于是他仰天长叹："不能为百姓谋利造福，不是大丈夫一生该做的事。"后来有人问他："大丈夫立志当宰相，可是说是理所当然的，可是你为什么会祈愿当一名医生呢？这样的志向是不是太卑微了一点？"在前面已经提到过，在古代医生的地位是很低下的，是被人瞧不起的。所以立志为相，被人认为是志向高远；而立志为医，则是让人无法理解的。范仲淹又是怎么回答的呢？他说："立志为医怎么会卑微呢？古人曾说：'常善救人，故无弃人，常善救物，故无弃物。'那么有才学的

大丈夫，固然期望能辅佐明君治理国家，造福天下，哪怕有一个百姓未能受惠，也好像是我自己把他推入沟中一样。若要普济万民，也只有宰相能做到。可是如果我当不了宰相，要实现利泽万民、造福苍生的心愿，莫过于当一名良医。而且若真能成为技艺高超的好医生，上可以疗君亲之疾，下可以救贫贱之厄，中能保身长全。身在民间而依旧能利泽苍生的，除了良医，再也没有别的了。"在他看来,为官与为医都是儒生可以从事的职业。范仲淹把"医"与"相"放在同等地位，在宋以前医者地位低下的背景下，足见他对医学的重视程度。

在范仲淹"不为良相，当为良医"的影响下，宋代士人形成了一股儒士知医的风气，并以不知医为耻。许多失意的官吏和不第的儒生也受此鼓舞从官场和经学转向医学。胸怀大志的儒者，把从医作为仅次于致仕的人生选择，因为医者的贡献与儒家的齐家治国平天下的思想比较接近。良相也好，良医也罢，都能满足自己济世救人、造福人民的愿望。

(二)王安石

王安石，宋代临川人，世称临川先生，是著名的政治家、改革家、思想家、文学家，也是唐宋八大家之一。他生于天禧五年（1021 年），卒于元祐元年（1086 年），字介甫，晚号半山，小字獾郎，封荆国公，世人又称王荆公。

王安石学识渊博、才华横溢，更是一位崇尚医学之人。他广泛地学习了《难经》《素问》《本草》等医学书籍，自称"百家诸子之书，至于《难经》《素问》《本草》、诸小说，无所不读，农夫女子，无所不问"。并投入大量的精

力去研究阴阳五行与五运六气的学说，主张"不如是不足以尽圣人之故也"。他把知医和圣人联系起来，充分地反映了医学在儒生们心中的重要地位。

王安石从小读书就废寝忘食，成年以后读起书来更是痴狂。他经常通宵达旦地读书，直到第二天早上，才猛然发觉工作的时间已经到了，于是他的同僚们就经常看见他饿着肚子，蓬头垢面地往衙门跑。有一次，他的上司（日后的名相韩琦）来县衙视察，看他一副憔悴的样子，以为王安石是纵情淫乐之人，就拍着他的肩膀，语重心长地规劝道："年轻人，我劝你还是趁现在多读一些书，总比和女人厮混有意义！"随后又送给他一些养生的医书看。王安石并没有介意上司的误解，而是很快的把注意力转移到了这些医书上。现在，我们在他的一些作品中也可以读到他对养生养德的重视。

宋仁宗庆历年间，官府组织编写了一部专用于驱除蛊毒的方书，名为《庆历善救方》。此时，王安石在鄞县做知县，读后深感此书的重要，于是将《庆历善救方》的内容刻在石碑上，置于县大门外，表现出对民间疾苦的极大关注。此举也推动了我国医药卫生事业的发展。

宋神宗在位期间，王安石得到极大的赏识。他推行的变法，对我国医药卫生事业产生了巨大的影响。

宋代开国之初，承袭唐制，设有太医署，但其并没有医学教育职能。范仲淹推行庆历新政时期，设立太医局，也不是真正的独立机构。直至王安石变法，太医局才脱离太常寺（负责执掌典礼的工作）独立出来，成为专门的医学教育机构。太医局设置提举一员，判局两员(校长及副校长)，并规定应由"知医事者为之"，每科设有一位教授，选翰林医官以下与上等学生或者外面的名医充

当，并将"三舍法"推广到医学教育中。太医局还划分了不同的专业，设置课程，并采取严格的考核制度。王安石的改革，突破了医学教育机构附属于政府医疗机构的状况，使医学教育第一次正式纳入国家教育系统之中，开创医学教育独立发展的先河，对后世的医学教育体制与考核制度产生了深远的影响。

我国历史上第一家官办的药店也是王安石批准创建的，被称为"太医局熟药所"，也叫做"卖药所"。在王安石变法期间，各地曾多次发生自然灾害。他虽

中医大家与中医著作

然表示"天变不足畏",但看到那么多病人痛苦的样子,常常深感不安。尤其是当他得知病者缺医少药,而有些药商又乘机制造和贩卖假药时,更是百感交集。王安石在临别政坛时,经人建议组织专门人员在都城开封创设了一个以制作和出售成药为主的专门机构——"太医局熟药所"(相当于现代的药店)。

"太医局熟药所"研制出一定规格的各种剂型的成药,如丸、散、膏、丹,由国家专门出售,不许个人或其他部门私自制作,这些成药具有服用方便、便于携带、宜于保存和药效显著等特点,深受医生和病人的欢迎。同时也为官府赢得了丰厚的利润,受到了朝野的一致赞许。所以,后来王安石变法虽然失败了,但是"太医局熟药所"却保留了下来。

当时的"太医局熟药所"除了日常出售药物,批发、交换药材外,还制定了很多非常利民的制度。如每逢疾病流行、病荒战乱之时,卖药所便研制出大量的成药,在街口进行发放,使百姓免于疾病。这种施药给药制度一直被延续下去。再如规定了 24 小时轮流值班制度,保证昼夜售药,一旦发现夜间失职,影响病患购药,则要处予"杖一百"的惩罚。当今社会医院 365 天 24 小时服务,药店昼夜售药,我们已经习以为常,而在宋代能保证昼夜服务,并制定了严格的监管制度,却是很超前的。此外,还规定了药品检验制度,即对药物进行定期检查,如有发霉变质,立刻销毁,不得出售。"太医局熟药所"的所有制度均是有利于百姓的。它的创办和传承,大大地推动了我国医药卫生事业的发展。

(三) 文彦博

古时候,有一群小孩在玩球的时候不小心把球掉进一棵大树的树洞里。大家都尝试把手伸进树洞取球,可是树洞太深,怎么也摸不到底。大家正在着急想不出办法时,有个小孩看着树洞想了一会儿,说:"我有个办法,可以试一试!"随后他叫几个小朋友提来几桶水,把水一桶一桶往树洞里灌,不一会儿水就把树洞给灌满了,皮球也慢慢悠悠地浮了上来。这就是我们在小学课本里学

宋代儒医

到的"灌水取球"的故事，这个聪明的小孩就是后来北宋杰出的政治家文彦博。

文彦博，字宽夫，生于宋真宗景德三年（1006年），卒于宋哲宗绍圣四年（1097年），汾州介休（今属山西）人，出生于世宦之家。他从小聪慧过人，勤奋好学。21岁考中进士，历经仁宗、英宗、神宗、哲宗四朝，出将入相达五十余年，这在中国历史上是很少见的。

这样一位著名的宰相，在为官的五十多年里，始终坚持养生保健，重视医药，精心钻研《素问》《灵枢》等经典，著成《药准》（共八卷，现已佚）一书。他提出药物各有准性的见解，指出只有认识药物的准性，方可用之得当，效若神通。

受到当时"知医风尚"的影响，除了以上三位，还有不少士大夫也亲自整理收集医药知识而著书，如《资治通鉴》的作者司马光，在史学、经学、哲学、文学及至医学等各个方面都很有成就，医学方面的著作则有《医问》。

中医大家与中医著作

四、通医名儒

受朝廷的重视以及范仲淹"不为良相,当为良医"思想的影响,宋代儒士完全改变了过去以医为耻的观念,知医著书蔚然成风。其中不乏像沈括、苏轼这样的大学问家,虽然不以医为业,却涉足医药领域。

(一) 苏轼——文学巨匠兼医药学家

苏轼,生于 1037 年,卒于 1101 年,字子瞻,号"东坡居士",嘉祐进士,唐宋八大家之一。他为人所知的主要是文章和诗词。他的名篇佳作甚多,如"大江东去,浪淘尽,千古风流人物。故垒西边,人道是,三国周郎赤壁。乱石穿空,惊涛拍岸,卷起千堆雪。江山如画,一时多少豪杰"。何等的豪迈,而"明月几时有?把酒问青天……但愿人长久,千里共婵娟"又是何等的细腻柔情。这些琅琅上口的诗词至今被我们所传诵。

这样的一代文豪却很少有人知道他在医学上有很高的造诣。苏东坡一生热衷于济世救人的医药学,在本草学、药膳、内科、按摩疗法、养生等方面都有深入的研究,被世人称为"儒医"。

据《苏轼文集·艾人着灸法》记载,苏东坡早在年幼的时候就接触过艾灸方面的书籍,之后他还陆续读了一些医学书籍,如《别药性论》《千金方》《外台秘要》《伤寒总病论》《王氏博济方》《本草》等等。

他非常喜好搜集一些验方、秘方,也经常与一些有名的医家探讨医理,还专门撰写了医学著作《苏学士良方》。后来人们将《苏学士良方》与沈括的《良方》合在一起编写成《苏沈良方》流传下来,是一部比较科学实用的医学书籍。清代陆锡熊、纪昀、王嘉会在《钦定四库全书总目提要》的《苏沈良方提要》中说:"宋世士大夫类通医理,而轼与括尤博洽多闻。其所征引,于病证治验,皆详著其状，确凿可据。"可见对《苏沈良方》以及苏轼、沈括两人评价极高。

苏东坡对我国的医药卫生事业的贡献极大。元丰年间，苏东坡被贬谪到黄州。恰逢黄州与邻近州郡瘟疫流行，死人无数，苏轼对此痛心疾首，却苦无良药。就在此时，巢谷用其家传秘方"圣散子"治好了那些处于生死边缘的病患。苏东坡便向巢谷求此方，可巢谷因为祖训并不愿将此方公开于世。后来，苏东坡指松江水为誓，保证永不传人，巢谷才将"圣散子方"传于他。为了控制瘟疫的流行，苏东坡违背誓言，将"圣散子方"公之于世，用于百姓，救人无数。

此外，中国官办的规模较大的平民医院就是苏东坡首开先河创办的。据《清波别志》记载：公元1089年，苏东坡出任杭州太守，刚一上任，就遇到疫病流行。一时间，街头巷尾处处都充斥着病吟声。苏东坡立即将疫情上奏朝廷，并筹集钱款，开设病坊（相当于现代的医院）。由于病坊专门向广大贫苦农民开放，故常常是病人超员。苏东坡便派人制作稀粥药剂，免费发放给患病群众。他在杭州为官的三年时间里，共医好了一千多人，以致当地的百姓称赞这种病坊为"安乐坊"。苏东坡调离杭州后，"安乐坊"并未歇业，还是照常为人治病，只是后来被改名为"安济坊"。

苏东坡当时派人制作的稀粥药剂，就是把平时对药物研究的心得体会和搜集到的民间验方融会贯通制作而成的。这种药剂既达到了治疗贫苦百姓疾病的目的，又省却贫苦百姓无钱就医的烦恼。后来，这类保健药粥一直在民间广泛流传，比如用白头翁、车前草等中药煮粥治腹泻便是其中的一例。

苏东坡在杭州任职期间，还结识了名医庞安时。两人交往十分密切，经常在一起谈诗论对，切磋医学。有一天苏东坡正在书房里翻阅医书，庞安时登门拜访。庞安时来到书房门前，猛一抬头看见门旁新挂了两只灯笼，他不由诗兴大发，随口吟出一上联："灯笼笼灯，纸(枳)壳原来只防风。"苏东坡正好迎出

门来，听后略一沉思，立刻心领神会，随即续出下联："架鼓鼓架，陈皮不能敲半下(夏)。"二人互相对视并大笑，手挽手走进后院。院子的中央设一小花园，庞安时看见园中生长的翠竹葱绿苗壮，他灵机一动，赞叹道："中暑最宜淡竹叶。"苏东坡随口对道："伤寒尤妙小柴胡。"两人在花园边坐下，衙役递上香茶，二人品茶谈天。他俩从名诗谈到名

中医大家与中医著作

医，又从对联谈到医学，真是棋逢对手，喜遇知音。忽然，一阵微风拂过，送来阵阵花香，庞安时抬头一看，只见园中玫瑰正盛开，妩媚妖娆。他触景生情，又出一联："玫瑰花开，香闻七八九里。"苏东坡听他又吟一联，未加思索也脱口而出："梧桐子大，日服五六十丸。"庞安时坐了一会儿，告辞出来，随口又出一联：

"神州到处有亲人，不论生地熟地。"苏东坡含笑答道："春风来时尽着花，但闻藿香木香。"联中的"枳壳、防风、陈皮、半夏、竹叶、柴胡、玫瑰花、生地、熟地、藿香、木香"都是中药名。对联对得工整和谐，妙趣横生。不仅反映了苏东坡的文学才能，更反映了他对医学知识的精通。

　　苏东坡在杭州时，还与寺庙中的一位老和尚交情很深。有一次，两人谈至深夜方才尽兴。当时正值初秋天气，夜凉如水，苏东坡从山上回家的途中感受风寒，第二天头痛、鼻塞，非常难受。老和尚听说，便托人带来一包药，告诉东坡煎汤服用。苏东坡服后果然效果奇佳，于是上门感谢老和尚，并想打听这是什么"灵丹妙药"，一问才知，原来此药乃是中药——白芷。白芷气味芳香，祛风解表，宣通鼻窍，可用于初感风寒。此外，白芷还具有消肿排脓、燥湿止带、美容养颜等功效。

　　苏东坡对药物悉心研究，经常采药制药，自得其乐。在他任黄州团练时，发现黄州盛产苍术，但人们不知道它的药用价值功效所在，只知道燃烧苍术来熏蚊子。苏东坡十分惋惜，于是专门写了《论苍术》一文，说到黄州山中，苍术甚多，因为易得，所以不觉得此药贵重，乃至用来熏蚊子。实际此药为长生药，有健脾燥湿、辟秽、明目的功效。

　　在《论菊》中，苏东坡把菊花称为"延年药"。在《仇池笔记》中载录用松脂末揩齿吞服，可固齿驻颜；以熟地黄、麦门冬、车前子治白内障；用蜂房、蛇蜕、血余炭，以酒调服后治疮疡不愈。这些都是东坡亲自炮制后的效验方剂。

　　苏东坡还经常制作茯苓饼服用，"用蜜和如湿香状，蒸过食之尤佳"。日久气力不衰，百病自去。相传苏东坡在惠州期间，患上痔疮，又痒又痛又便血，生活极为不便。用了一些方法都不见好转。于是，他便开始查询医药书籍，对症自制了茯苓面。就是用黑芝麻、茯苓粉、蜂蜜调和，经过九蒸九晒而成。茯苓饼具有润肠、和血、补肝肾的作用，最终治愈了苏东坡的痔疮。苏东坡因此称它是祛病疗疾、延年益寿的佳品。

此外，《东坡志林》中还记述了治病健身的食疗药膳方，如麦门冬饮安神催眠、山芋羹健脾益气等。

另据宋代赵令畴《侯鲭录》记载：苏东坡饮茶很有讲究。他认为茶可以"除烦去腻"，但"暗中损人不少"，有副作用。因此，苏东坡经过研究，创造了一套浓茶固齿法。每次饭后，用浓茶来漱口，残留在齿缝里的肉屑便会"不觉脱去"，而牙齿也变得更加固密。苏东坡认为这样既去了腻味，又不伤脾胃。现代医学研究认为，用茶漱口有其道理：因吃饭时要分泌大量带酸性的唾液，茶中含咖啡碱和茶碱，带碱性，饭后用茶水漱口，使酸碱中和，能令口腔清洁，残留口中的酸碱麻辣诸味一扫而光，味觉神经的疲劳得以缓解。

苏东坡也精于养生。他曾搜集和整理了不少古代养生方法和理论，经过不断的研究和实践总结，撰写了《问养生》《论修养寄子由》《养生说》《续养生说》《书养生后论》等二十余篇文章，都被收入到《苏沈良方》一书中，流传至今，在医学和养生学上都具有很高的研究价值。

苏东坡还是一位大书法家，他的字被誉为珍品，求之不易。有些人知他行医开处方，便备纸装病求诊，盼望得到苏东坡的墨迹。有一次，苏东坡的朋友张鹗来看病。苏东坡一看便知他是佯装生病，但没有拒绝，而是挥笔写了四味药：一曰无事以当贵，二曰早寝以当富，三曰安步以当车，四曰晚食以当肉。

苏东坡是这样诠释这四句话的："无事以当贵"，是指人不要把功名利禄、荣辱得失考虑得太多，如能在情志上任性逍遥，随遇而安，无事以求，则比大

富大贵更能使人终其天年；"早寝以当富"，是指对老年人来说，养成良好的起居习惯，尤其是早睡早起，比获得任何财富更加难能可贵；"安步以当车"，指人不要过于讲求安逸，而应多以步行来替代骑马乘车，多运动才可以强健肢体，通畅气血；"晚食以当肉"，意思是人应该用已饥方食、未饱先止代替对美味佳肴的贪吃无厌。这四句话被后世广为传颂，成为了养生的名言。

苏东坡至老仍身强体健，面色红润，才思敏捷，

这也得益于他养生之道中的一条，就是吃芡实。苏东坡数十年来，一直坚持每日慢慢嚼咽 10—40 粒芡实。每次服用芡实，总是在口内缓缓地含嚼，直至满口唾津，再鼓漱几遍，才徐徐咽下。芡实有开胃健脾、滋润肺脏、补益脑髓、防治咽炎的功效，通过细嚼慢咽，又起到了防止双颊肌肉松弛，减少面部皱纹的作用。

他还在《养生诀〈上张安道〉》自述说：近年颇留意养生，延问方士多矣，其法百数，择其简易可行者，间或为之，辄有奇验。他经常练功，每天天刚亮就起床，起身披衣，面向东或向南，盘脚坐在床上。然后练功：首先，叩齿 36 次，握固闭息。其次，内视五脏。再次，渐渐呼吸重新开始，要等到呼吸变得自然轻微之后，让舌抵上齿，搅拌口中唾液，使其慢慢增多，再闭住呼吸，内视体内五脏，让心火下降至丹田。最后，以左右手分别摩擦两脚心的涌泉、脐下和腰部，让这三部位表面渐渐温热后，再依次摩擦眼部、耳部和颈项部分。然后是捏鼻 5—7 次，梳头 100 次。全套功法到此全部完毕，此时就可以继续睡觉。这套方法实际上是道教气功修炼方法，只不过苏东坡删除了其中高深的内容，使其成为了一种简单、易学的静心养气的好方法，对养生极为有利。

在生活起居方面，苏东坡也总结了许多有益的养生经验。在他的《养生说》中提出"已饥方食，未饱先止，散步逍遥，勿令腹空"，就是说，肚子饿了就先吃一点东西，不要让胃空蠕动。多进行户外散步活动，使心境闲适逍遥。每顿饭不要吃得太饱，保持腹内有空间，以便下一餐仍具有良好的食欲。概括来说，就是每餐不过量，少吃以养气，防止过饱而肚胀气短，损伤肠胃。并认为"蔬食有过于八珍"，所以他本人也是坚持多吃菜少吃肉。"善养生者使之能逸而能劳"，这实际上体现了儒家"以自然之道养自然之身"的主张，提出人要适当活动。

（二）沈括——"整部科学史上最卓越的人物"

在浩瀚的历史长河中，曾经涌现过无数杰出人物，但像沈括这样博学多才，成就卓著的人才还是十分罕见的。他在天文、地学、物理、化学、生物以及律历、水利、文学、音乐等许多方面都有广泛的研究和开创性的发现，受到中外人士高度的赞扬，史书上称他"博学善文，于天文、方志、律历、音乐、医药、卜算无所不通，皆有所论著"，英国著名的科学家李约瑟称他为"中国整部科技史上最卓越的人物"。

沈括，约生于公元 1031 年，卒于公元 1095 年，字存中，杭州人，出生于官宦之家。其父沈周进士及第，其母许氏，是北宋前期著名的战略学家许洞的幼妹，是一位知书达理、很有教养的女子。沈氏家族有收藏文物、搜集医方的传统，许氏又从娘家带来了许多有关文韬武略方面的书籍。良好的家庭背景为沈括的成才奠定了坚实的基础。

沈括出生时，他的母亲 46 岁，父亲 54 岁，高龄生育难免导致孩子有些先天不足，所以沈括自幼体弱多病，加上他学习十分刻苦，很小就患上了"心热血凝，心胆虚弱，喜惊多涎，眠中惊魇"的病症，后经医生用"至宝丹"治愈。后来，沈括 18 岁时，因为夜晚在灯下苦读，练习写小字，染上了眼疾，经当地名医王琪诊治，眼疾很快治愈。经过几次与疾病打交道，沈括从治病中体会到了医药的实用价值，便对医学产生了浓厚的兴趣，从此在攻读经史之余，大量研读医书，到处收集民间验方，注意观察各种中草药，一生与医学结下了不解之缘。

沈括虽然不是一名职业医生，却医术高明，精通医药学，在医药学方面取得了丰硕的成果。他的这些经验成果主要见于《灵苑方》《良方》《梦溪笔谈》等著作中。

《灵苑方》是沈括所撰的第一部医方书，在临床上发挥过积极的作用，可惜原书大约在元明时期失传了。《良方》是沈括继《灵苑方》后所编写的第二部医书，比《灵苑方》影响更大，可惜后来也佚失了。幸运的是后人将其内容与苏轼的《苏学士良方》合在一起编为《苏沈良方》，流传至今。

在他的著作中收载了大量有效的方药，其中涉及到不少给自己和他人治病的案例。如熙宁年间，沈括患了"颈筋痛"的病，经过许多医生诊

治，病情都没有好转。无意间他回忆起 18 岁时给他治疗眼疾的名医王琪曾告诉他说："诸风惟膀胱气胁下痛最难治，独此神保丸辄能去之。"于是拿出此方，治愈了自己的疾病。另据记载，他曾经用金液丹治疗小儿吐痢，当时患儿已经气绝，经过服丹药苏醒过来，不久恢复了健康；他用黑神丸治疗小儿惊风，无论是急性还是慢性，疗效显著，即使患儿垂危，服丹后也能挽救生还；他还用四生散治疗眼疾，用火灸疗法治疗咳嗽气逆等等。他将自己的这些经验一一记录了下来，

并被历代医家广泛应用于临床。如目前广泛使用的"猪蹄汤"治疗妇女产后乳少以及治疗卒中昏厥的"至宝丹"都首先记载于《灵苑方》。再有，《本草纲目》在谈到用骨碎补治牙痛时，提到"此法出《灵苑方》，不独治牙痛，极能坚骨固牙，益精髓，去骨中毒气疼痛"。

尤其是关于"秋石"（性激素）的制备方法，在沈括的《良方·秋石方》中记载了从人尿中提取出相当纯的性激素制剂的方法，并详细说明了它的实际功效。这是世界上已知的最早、最完善的记载，西方医学直到 1927 年才有了类似的发现。

在医学理论方面，沈括也有着深入的研究。他对五脏的相互关系以及疾病与五脏的关系，作了比较科学的论述。根据自己的实际观察提出了"人有咽有喉二者而已"的正确见解，纠正了世人传有"水叹、食喉、气喉"所谓三喉的谬误，对我国的解剖学作出了一定的贡献。此外，他运用他丰富的天文和气象知识，独辟蹊径地提出"主气客气"说和"五运重化解"说，对中医的运气作了划分，"岁运有主气，有客气。常者为主，外至者为客"，并对主气、客气从四分历法的角度作了阐述和精辟的分析。认为在一般情况下，运气是起主导作用的，但在异常、变动的情况下即变，不一定能和五运六气相合，所产生的症候就有从、逆、淫、郁、胜、复、太过、不足等各种变化。他反对固守运气学说的框框，死搬硬套"胶于定法"。他认为"今人不知所用，而胶于定法，故其术不验"。明确指出医家要"因其情变，或治以天，或治以人"，即有的病由气候变化而导致，有的病由人体内部脏腑气血失常所致，治疗时要区别对待。同时认为："肾为寿命之脏，左阴右阳，左右相交，此乾坤之交，以生六子者也。

故肾为胎育之脏。"即肾为先天之本,生命之源,为元阴元阳之所在,说明他高度重视肾在辩证治疗中的作用。

在临床治疗方面,沈括对许多疾病进行了详尽的描述,还提出了自己的诊疗理论,认为"治病有五难",包括辨疾、治疾、饮药、处方及辨药。他比较"古人治病先观察病人声音、颜色、举动、肤理、性情、嗜好等,然后诊视他的人迎、气口、十二动脉,对症状、病情进行四诊合参",与今人治病"写下一两味药及服食方法,便算了事"截然不同,批评今人治病之草率,指出"辨病"是相当困难的。同时指出"治疾"要知阴阳历运变故,山林川泽的荣枯,依病人的年龄、胖瘦、贵贱、居养、性术等等选择单方,决定用药方式,调节病人饮食等。从药物方面看,因为有药性之间拮抗、协同的作用,有服药者禀赋的差异,有烹炼法度、饮啜得宜的要求,有药物生长环境、采药、储药、制药方法的差异,因而又有了"处方之难""服药之难"和"辨药之难"。"五难说"体现了中医药理论全面、综合的整体思想,分析异同、因情而异的辩证思维,洞明物理、知常达变的方法。

沈括的药用植物学知识也十分广博,他对药物的采集时间、功效、辨别药物以及药物在人体内的吸收过程等等都有精辟的论述,其中的部分内容还被后世李时珍的《本草纲目》所引用。

沈括指出不同药用部位、不同产地决定了药物采集的时间不同,对于现代指导采药具有一定的指导意义,可使药物的采集时期真正达到最佳时月。他还指出同一种药物的不同部位,其功效可以有很大差异,甚至出现相反的功效。如《梦溪笔谈》:"药有用根或用茎叶,虽是一物,性或不同……如巴豆能利人,唯其壳能止之,甜瓜蒂能吐人,唯其肉能解之……悉是一物,而性理相反如此。"同出一物而功能不同者还有很多,如桑,其果实(桑椹)专长滋肝肾,

养阴血,是治疗阴血亏虚引起的目暗耳聋的常用药;其叶(桑叶)主发散风热,清泻肝火,常用于风热表证及肝火上炎的目疾;其根皮(桑白皮)则主泻肺平喘,利水消肿,三者之中,一补肝肾,一泻肝,一泻肺,功效完全不同。所以沈括一直强调作为医生一定要深入研究药理,告诫人们"苟未探达其理,未可妄用"。

现代医学研究表明，中药药物的质量直接影响临床疗效的高低。而沈括也提出了辨别药物真伪良莠的重要性。在他的著作中，还分别对胡麻、甘草、细辛、天麻、苏合香、乳香等药物进行了辨识。

沈括还驳斥了当时流行的药物直接入肝、肾的观点，提出了药物在人体内的吸收过程。认为"自余顽石草木，但则气味洞达耳。及其势尽，则滓秽传入大肠，润湿渗入小肠，此皆败物，不复能变化，惟当退泄耳。凡所谓某物入肝，某物入肾之类，但气味到彼耳，凡质岂能至彼哉"。即人的饮食、药物先由咽喉进入胃，再进入肠部，进入人体五脏的是药物、饮食的精华之气，渣滓则排入大小肠。药物到五脏是它们的精华气味到达，而不是药物本身直接到达。这样的认识在当时可以说是真知灼见，推动了中医理论的发展，贡献极大。

在预防卫生方面，沈括对素食、去蚤虱、食物中毒、废井下毒气袭人等都有论述。如记载四川岩盐深井开采所发的卤气和天然气中毒死亡事故及除毒方法。

沈括在研究医药的过程中，始终保持着严谨的科学态度。他十分注重实践，勤于调查研究，对自己编入到《良方》中的秘方、验方，"必目睹其验，始著于篇"，真正做到了不唯上、不唯书、只唯实。所以沈括的研究对后世有着极高的借鉴和实用价值。

沈括作为我国科技史上的卓越人物，受到中外人士的高度赞扬。他在医药方面的众多巨大贡献，更是我国古代科学文化宝库中珍贵的遗产，对我国传统中医药的发展起到了不可替代的作用。

（三）陆游——诗人兼医药养生家

陆游，生于 1125 年，卒于 1210 年,字务观,号放翁,越州山阴(今浙江省绍兴市)人，是我们所熟悉的南宋著名爱国诗人。

陆游自幼饱读儒家经典，对于这样一位儒生来说，儒家教育早已深入他的思想，仕途之路也就成了他实现自身价值的惟一出路。可是现实并未能如愿，走上仕途之路后，由于他始终坚持抗金，便不断受到当权派的排斥打击，最终他只能退居山林，享年85岁。在那兵荒马乱的年代，能如此高寿，并且背不驼、腿不颤、耳不聋、眼不花，身体结实，与他懂得医道和善于养生是分不开的。

陆游诗作现存九千余首，其中有一定的篇幅反映了他的识药能医和丰富的养生经验。

陆游具有丰富的药物本草学知识。在他的《剑南诗稿》中有一段就记述了自己辨识药物的本领和替老百姓诊病的情况。陆游经常骑驴出游，在一座小桥边上有一家他经常停留的旅店。有一次，他停留下来，放驴吃草，几位老农就主动围拢来争着向他请教种植药材和药苗生长情况，老人识字不多，空拿着本草书读不懂，陆游便一边耐心的解读本草，一边与老人辨别刚刚破土出来的药苗。这一情景的描写就出自他的《山村径行因施药》："逆旅人家近野桥，偶因秣蹇暂消摇。村翁不解读本草，争就先生辨药苗。"

陆游还常常为平民百姓看病，许多百姓的孩子被他救活后，就在孩子的名字上加一个"陆"字，作为对陆游救命之恩的报答。

在养生保健方面，陆游也有自己独到的见解。"脚"被人们称为人体的第二心脏，自古以来就有"圣人寒头而暖足"之说，所以足部的保健是十分重要的。陆游深得足浴的要旨，他每天坚持睡前用温水洗脚，鼓舞气血，疏通经络，安和五脏。

另外，他有"收菊做枕"的习惯，晚年更是对菊花情有独钟。他在《老态诗》中写道："头风作菊枕，足痹倚藜床。"中医临床历来有"闻香祛病"的治疗方法。菊花清热解毒，平肝明目，装入枕套内，可使药物的有效成分慢慢的发散出来被人体吸收，从而达到防病治病、养生保健的目的。

陆游还视食粥为养生之佳品，作诗："世人个个学长年，不悟长年在目前，我得宛丘平易法，只将食粥致神仙。"他还在粥中加入一些补益之品，睡前服用，以求养生保健，"秋夜见长饥作祟，一杯山药进琼糜"。

而实际上，陆游学医治病的家学渊源也是十分深厚的，他的第十七代先祖是唐代名动千古的政治家

中医大家与中医著作

陆贽。陆贽，谥曰宣，后世尊称为陆宣公。"安史之乱"以后，唐王朝由兴盛转向了衰败，当时国家四分五裂，统治阶级内部矛盾十分尖锐，政治斗争已发展到直接的军事对抗，结果兵祸连接，干戈不息，民不聊生，百业凋敝，民间怨恨丛生。唐王朝在这种艰难的状况中苦苦挣扎，以求中兴。陆贽正是适应这种历史的需要踏上了政治舞台，被称为中国十大名相之一。陆贽晚年被

贬，到忠州担任别驾，目睹了该州瘴疠横行，人民大多受到疾病危害的惨象。为了解除群众疾苦，陆贽广搜博采，整理了治疗传染病的古今验方15卷。受其祖先的影响，陆游在三百多年后成为了一颗同时在诗坛和医苑闪闪发光的璀璨明星。陆贽的验方专著名为《古今集验方》，陆游为了表示不忘家学，将自己编撰的验方专著定名为《续集验方》。

（四）郭思与《千金宝要》

郭思，生卒年不详，字得之，号小有居士，元丰五年进士。河阳（今河南孟县）人。作为一名文人，郭思存有济世救人之心，热心于普及医药验方。他对《千金方》的评价相当高，认为"此书为医经之宝"，可是这样一部综合性的巨著，卷帙浩大，大约有几百万字，即便是一个州一个县，也没有几家能够拥有此书，所以贫苦百姓是很难看到书中的内容。于是，郭思节取《千金方》诸方论说，附入自己和他人经用有效之方，集成《千金宝要》刻于碑石之上，以供百姓之用。现在该碑还存于孙思邈的故乡耀县药王山。

在《千金宝要》中，虽然没有对医理和辨证论治理论进行详细的阐发，但对医药知识的普及起到了重要的作用。他以各科急症为主，涉及内、外、妇、儿各类病种，所选的方药简单，每方多用一两味常见药，价格低廉，没有人参等贵重药材，使寻常百姓在遇到急病、常见病的时候，可以对照碑文，从石碑上拓下所需要的方药，便于施行。如对于冬天落水之人的救治，郭思所选用的方法为"以大器中熬灰使暖，盛以囊，薄其心上，冷即易，心暖气通，日得转，口乃开，可温粥，稍稍吞之，即活。若不先温其心，便持火灸身，冷气与火争即死"。就是对于冬天里落水的人，要先暖其心，这样寒冷才能慢慢解除，然后

再用温粥调理；如果不先暖其心，而是直接全身烤火，易导致冷热相争而死亡。据记载，北宋灭亡之时，上至帝王，下至奴仆都被金人掳到北方。他们在金人的统治下，过着十分悲惨的生活。一些奴仆终年得不到衣物，只能裸露着身体。而北方冬季天气非常寒冷，滴水成冰。这些没有衣物蔽体的奴仆外出取柴，全身都被冻僵了，回来以后他们祈求能够烤火来取暖，没想到坐在火边以后，皮肉纷纷脱落，过不了几天就死去了，这就是冷热相争所导致的结果。所以《千金宝要》中所提到的冬日落水之人救治的注意事项是非常科学的。

（五）王衮与《博济方》

王衮，生卒年不详，曾任中书堂后官、大理寺少卿等职。因为父亲遭庸医的失治误治而死，其母也有病在身，于是王衮潜心学习医学，广泛搜集验方。他认为当今之人得到灵验之方或者获得奇术，都秘藏起来，不予示人，这种人只知道独善其身，没有仁爱之心。而他对百姓的疾苦总是念念在心，就如同亲人生病了一样，期待疾病的痊愈。因而他竭尽全力研究医术，将收集的验方编次成集，广泛地传播出去。他认为这些方药只要能够救治一人，就是一件好事。所以他将医籍取名为"博济方"，希望能够广泛的济世救人、解除人们的疾苦。

王衮在二十余年间得方七千余，并对其中效验者加以精选，最终得方五百余，辑成《王氏博济方》，约于庆历七年(1047 年)成书，是一部重要的方剂学著作。

书中所记载的四倍散，由诃子、人参、茯苓、白术四味药物组成，用以治疗"脾元气不和"，可以大补虚损，如若晨起常服，功效极佳。此方与出自于《和剂局方》的四君子汤比较，仅诃子与甘草一味的区别。四君子汤被誉为治疗脾胃气虚的著名方剂。而同样是治疗脾胃的虚损，《博济方》中四倍散的产生时间要早于《和剂局方》的四君子汤三十余年。另外，金沸草散、华盖散、五积散、三拗汤、平胃散等都是《局方》中的名方，而实际都更早见于《博济方》。

再有《博济方》中记载的治疗骨蒸壮热的地

中医大家与中医著作

144

骨皮散，与元代罗天益的秦艽鳖甲散用药配方也是基本一致的。

总的来说，《博济方》中汇集了内、外、妇、儿各科医方，所记载的方大多是其他方书所未记载、疗效显著的著名方剂。

（六）洪遵与《洪氏集验方》

洪遵，生于1120年，卒于1174年，字景严，号小隐，南宋鄱阳(今江西鄱阳)人。父亲洪皓，曾任徽猷阁直学士、提举万寿观兼权直学士院，封魏国忠宣公。洪遵与兄洪适、弟洪迈先后中博学鸿词科，有"三洪"之称。他被赐进士出身，擢秘书省正字，累官至翰林学士承旨、同枢密院事、端明殿学士、提举太平兴国宫，位同宰相。卒谥文安。他是著名的钱币学家，对医学也颇有研究。

洪遵博通经史，在临政的闲暇之余，熟读大量医学书籍，收集了许多医方。晚年将其多年收集的有效医方汇集成书，个人取名为《洪氏集验方》，共五卷。这是一部医方著作，其中收录了他多年的临证验方，还有许多当时上层人士传抄的验方秘方，许多名方是最早见于本书而得以流传下来的。

如水陆二仙丹，此方是洪遵根据芡实生长于水中，而金樱子则长于山上，二者生长环境不同而得名的。方中芡实性味甘涩，固肾涩精；金樱子性味酸涩，可固精缩尿。两药相互配伍，可使肾气得补，精关自固，治疗遗精、遗尿、带下等诸证。又因此方功效神奇，故称"水陆二仙丹"。

再如琼玉膏，由生地、人参、茯苓、蜂蜜所组成，有健脾补肾、益气滋阴填精之功效，是集治疗与保健为一体的良方。

《洪氏集验方》还有一个特点，就是不少方剂使用单味药。如治盗汗用防风；治癣用羊蹄根（土大黄）；接骨用牡蛎；治喉闭用皂角；治乳痈、发背用金银花等。

《洪氏集验方》深受后世医家的重视，对于中医临证具有启发、借鉴之功。

除上述以外，被人们所熟悉的南宋著名的理学家朱熹，也有着非常广博的医药知识，他曾读过《内经》《难经》《本草》《脉经》等中医药书籍。朱熹在岳麓书院讲学时曾指出："为人子者，医学、地理之书不可不知也。"对当时的学子不无影响，并为《伤寒补亡论》题跋。

宋代儒医

145

五、儒门名医

两宋时期，有许多著名的医家，在理论与实践中取得了突出的成就，他们医术高超，医德高尚，堪称"儒医"。

（一）许叔微

宋代有这样一个故事。一位妇人无故悲泣不止，经过许多医生治疗都不见好转，她的家人认为一定是鬼怪附身，请了很多道士做法事，最终也没有什么效果。后来，就有人向这家人推荐了一位名医。

这位医生到了以后，仔细分析了一番症状，说："此并非鬼怪所为，是肺气虚的缘故，治疗应当补益肺气，若肺气充足，悲泣自然会停止。"于是下了个处方，用甘麦大枣汤（甘草、淮小麦、大枣），连服十四帖而愈。有人请教他，既然是肺气虚，为何不用补肺的药而用补脾药呢？医生答，这就是"虚则补其母"的道理。肺属金，脾属土，土能生金，所以补脾就能使肺气充足，从而治疗患者悲泣不止的疾病。周围的人听了以后，都对这位医生高超的医技大加赞赏。这位医生就是宋代著名的儒医——许叔微。

许叔微，约生于北宋元丰三年（1080 年），卒于南宋绍兴二十四年（1154 年），字知可，南宋真州白沙人。自幼学习儒学，绍兴二年，也就是许叔微 53 岁时，中进士，曾官至徽州、杭州教官及翰林学士，人称"许学士"。在他 11 岁时，连遭家祸，父亲染上时疫而亡，母亲悲伤劳累过度，患气中（厥）病，被庸医误治而死。百日之内，父母先后因病去世，对于年幼的许叔微来说无疑

是莫大的打击，他悲痛万分，同时深感医道的重要，因此，在习儒之外，"刻意留心方书，誓欲以救物为心"，最终许叔微成为了一位医术精湛的医家。他为人诊病，从来无问贵贱，悉心治疗，而且一生不计报酬。

许叔微还打破了"医人不自医"的说法，

中医大家与中医著作

治愈了自己的疾病。年少时他读书十分刻苦，不论严寒酷暑，每天都要读书到深夜才上床入睡。他在伏案写字时总是习惯向左倾斜，临睡前又喜欢饮酒两三杯，睡觉时也经常向左侧卧。起初也没有什么异常感觉，可数年后开始有了变化。饮下的酒像是从左边下去似的，胃中会发出"漉漉"的声音，胁肋部开始疼痛，饮食也有所减少。每过十几天必定呕出一些又酸又苦的胃液，甚至夏天也是左半身不出汗，只有右半身出汗。为了治疗这种病症，请了许多名医，服了不少药，都没有效果，即使在一段时间内得到缓解，过后还是要复发。为此他感到十分苦恼。

后来，许叔微刻苦学医，并对自己的病情作了详细的研究，认为此病主要是"湿阻胃"所引起的。于是对其他药物一概不再服用，只选择了一味苍术来进行治疗。他将苍术研成细粉，另外再用生麻油半两，大枣 15 枚，放到苍术粉里搅拌后制成药丸，每天用盐汤送服 50 粒，以后逐渐增加 100—200 粒。说来奇怪，自从服药后，各种症状都有所减轻，胃肠功能好转了，胁下的疼痛也消失了，精神大振。此后，他坚持长期服用，直至痊愈。苍术的功效，许叔微自己得到了亲身的体验，便将此方编入到他所著的《普济本事方》一书中。

苍术的燥湿之功，历代本草方书都有很详细的记载。除此之外，还有值得注意的一点，苍术有明显的明目作用。许叔微服用一段时间的苍术以后，便觉得眼睛突然明亮了许多。本来在灯下看书、写字常感到眼睛昏花，到此时即使书写细小的楷书也不再感到困难了。这正是因为苍术具有明目的功效，可是用当时的中医理论是无法解释的。现代医学解开了这个谜底，原来苍术含有大量的胡萝卜素，能转化为维生素 A。对于缺乏维生素 A 而引起的夜盲症和角膜软化症，一般单用苍术就有效，不过剂量应该加大，每日使用苍术 50 克煎水分三次服。如果与猪肝或羊肝蒸煮服食，则效果更好。

许叔微医术高超，救人无数。有这样一则医案：有一位姓董的人患病，心神不宁，惊悸多梦，整夜无法入睡，自述"每卧则魂飞扬，觉身在床而神魂离体"，请了很多医生，都认为心主神明，是心病所致，但却久治不愈。而许叔微诊断以后说："从脉象上看，应是肝经受邪，并非心病。肝经因虚，邪气袭之，肝藏魂者也，游魂为变。平人肝不受邪，故卧则魂归于肝，神静而得寐。今肝有邪，魂不得归，是以卧则神扬若离体也。肝主怒，故小怒则剧。"于是处方真珠丸和独活汤。前者可安魂息风，后者能祛风养血。二方配合应用于肝经受邪的失眠症，一个月就可以完全治愈。许叔微的这种论治对后人在辨证方面有很大的启发。

还有一则医案，有个姓郭的有钱人感受风寒，体温升高，头疼，怕见风，同时还兼有大便不通，腹胀得要命。由于家里比较富有，便请了好几位医生。可没想到医生多也不是件好事，医生之间对于疾病的治法出现了分歧。一位医生很有把握地认为这是大柴胡汤证；另一位则显得更有把握地认为应该用大承气汤下之；而第三位也不示弱，认为应该用蜜导之法。他们三人一直争论不休，难分胜负，可病人哪里受得了呢！这时有人想到了请许叔微来看一下。许叔微诊过脉，询问完病情，说："这是脾约证，应该用仲景的麻子仁丸来治疗。"家里人一听，又多出一种观点，于是用疑虑的目光看着许叔微。而许叔微则肯定地说："张仲景说过趺阳脉浮而涩，浮则胃气强，涩则小便数，浮涩相搏，大便则硬，其为脾约，麻子仁丸主之。"在许叔微的声望和坚持下，病患决定服用麻子仁丸试试。服后当天晚上，这位姓郭的病患就感觉舒服，大便也通畅地排了下来，然后又出了一身的汗，很快外邪就解了。病虽好了，可许叔微却高兴不起来。为什么呢？因为许叔微想到了一个问题，就是《伤寒论》中很清楚的脾约证，为什么那三个医生会把握不准呢？于是他想把自己的经验传授给其他的医生，希望医术高超的医生能越来越多。想了许久，终于，许叔微想到了一个很好的办法，那就是编歌诀。他将自己学习《伤寒论》所总结出来的辩证治疗方法，全部用歌诀的形式写了出来，编成了一部《伤寒百证歌》。他还将自己治疗伤寒的医案整理了 90 个，汇编成集，即《伤寒九十论》，其中详细地描述了每一例病案和治疗过程，阐发了自己的临证经验和处方用药的心得体会，论述相当精要，成为后世学习《伤寒论》的重要参考书。此外，许叔微还著有《伤寒发微论》，是他的一个论文集，里面提出了很多他自己学习《伤寒论》时的一些思考。

以上三部著作《伤寒百证歌》《伤寒发微论》《伤寒九十论》（被合称为《许氏伤寒论著三种》），全面反映了许叔微在《伤寒论》研究方面的成就，学术价值极高，可以说是从临床角度研究《伤寒论》的一个里程碑，为后人运用经方治病开创了崭新的局面。他一生的著作颇丰，还有一部《普济本事方》，也备受后世医家的推崇。叶天士就对许叔微大加赞赏，并把《普济本事方》视作枕中秘籍。这部书辑录了许氏平生全部所验之效方，附有病例，能够结合临证，独出己见，阐述自己的心得体会。此外，许叔微还绘制有

《仲景三十六种脉法图》，直接用于医学教学。并著有《治法八十一篇》《翼伤寒论》等书，可惜均已佚失。

在中医学发展史上，许叔微堪称"伤寒临证大家"。他一生十分推崇张仲景，对《伤寒论》研究极深，重视辨证施治，强调："伤寒治法，先要明表里虚实，能明此四字，则仲景三百九十七法，可坐而定也。"清代徐彬在《伤寒方论》中说："古来伤寒之圣，唯张仲景。其能推尊仲景而发明者，唯许叔微为最。"此外，他还对脾与肾的关系提出了独到的见解。他重视脾肾在人体的重要作用，认为脾是运化水谷、化生精微以营养脏腑的器官，而肾为一身精气之根本。同时他更重视肾的作用，认为若肾气不足，真气虚衰，脾自不能消化食物。所以补脾须先补肾，他的这一观点对后世严用和提出"补脾不若补肾"有极大的启示作用。而明代医家张景岳、清代医家叶天士也多受其学术思想的影响。

许叔微的学术理论超凡，而且医德高尚，是宋代儒医的典型代表之一。

（二）朱肱

朱肱，约生活在 11 世纪至 12 世纪间，字翼中，号无求子，晚号大隐翁。宋吴兴（今浙江湖州）人，宋哲宗元祐三年（1088 年）进士，但无意为官，隐退而酿酒著书，其间尤其对《伤寒论》深有研究。他隐居期间，正值朝廷重视医学，到处寻求精通医术的人，于是朱肱被征为医学博士。后因书写苏东坡的诗而被牵连，贬于连州（今四川达县），次年召还为朝奉郎提点洞霄宫。因曾官至奉议郎，故有"朱奉议"之称。

朱肱潜心研究伤寒二十年，先于大观二年（1108）著成《伤寒百问》6 卷，

宋代儒医

149

类聚伤寒条文，将其各证分类，以问答体裁叙述。政和元年（1111 年）重加校正，张蒇为之作序，终成 20 卷，更名为《南阳活人书》。政和八年（1118 年），因各本刊误颇多，且证方分卷，仓促难检，于是朱氏又重加修改印行，成为最后的定本。此书在宋代已经名扬于世，达到"只知有活人书，而不知有长沙之书也"，是研究《伤寒论》比较早的著作之一，影响极为深远，历来被医林所推崇。清代医学家徐灵胎在《医学源流论》中评曰："宋人之书，能发明《伤寒论》，使人有所执持而易晓，大有功于仲景者，《活人书》为第一。"而张蒇将华佗赞扬仲景"活人"之语，用作朱肱的书名，正是名至实归。

朱肱研究伤寒最重经络，特点是以经络阐述伤寒之三阴三阳，认为治疗伤寒，不识经络，则犹触途冥行，不知邪气所在。在伤寒辨证施治中，把表里阴阳作为辩证大纲，作为六经辨证的补充。在用经络循行部位和生理特点解释伤寒传变的同时，还特别强调脉证合参和辩证处方，指出"治伤寒先须识脉，若不识脉，则表里不分，虚实不辨"。

朱肱对外感热病也有透彻的研究和独到的见解，将其分类为伤寒、伤风、热病、中暑、温病、温疟、风温、温疫、中湿、湿温、痉病、温毒十二种，并一一作出区分。朱肱指出伤寒与温病有别，须施以不同方药，给后人以很大启发，为后世温病学说的创立打下了基础。如湿温一证，在宋代以前，只有《难经》曾提及该病名，但并未详细论述，直至朱肱才首次作出了比较系统的阐述。

朱肱除了阐发自己的观点以外，还对《伤寒论》进行了补充。在《伤寒论》中，妇人伤寒的部分论述得不够详细，而小儿伤寒则更无记载，朱肱提出了妇人伤寒与小儿伤寒的辩证与治疗，补充了《伤寒论》，使之完善。他还感慨"仲景证多而药少"，因此，他吸取汉以后，如《千金要方》《外台秘要》《太平圣惠方》等有关方剂，对伤寒论中有证无方的条文作了一些补充，使原来有证无方者，能够有法可循，有方可用，丰富了《伤寒论》的治疗方法。

如书中对阴阳毒的论述，不论是辨证还是治疗方面，都比仲景所述要完备得多。仅以治法而论，仲景治阳毒用升麻鳖甲汤，治阴毒用升麻鳖甲汤去雄黄、蜀椒。两方寒热颠倒，雄黄、蜀椒温热之品，阳毒用之而阴毒反而减去不用，历代医家均疑有误。因此对阴阳毒的治疗，《活人书》采用阳毒升麻汤（升麻、射干、犀角、黄芩、人参、甘草）治阳毒，阴毒用阴毒甘草汤（甘草、升麻、当归、桂枝、鳖甲、雄黄、蜀椒），该书两证用药，都颇为恰当。

除《南阳活人书》外，朱肱还对《内外二景图》作了注释，注文《内境论》对明代命门学说的产生与发展起到了奠基作用。他指出"肾虽有二，其一曰命门，与脐相对"。明代孙一奎就是在朱肱两肾之一为命门的基础上，把命门从肾中独立出来，创立了动气命门理论。

朱肱精通医理，并以诊治伤寒病而著名。他在南阳任职期间兼行医，太守盛次仲患病召他诊治，寻按脉证以后，他说这是"小柴胡汤证，进服三剂可愈"。因小柴胡汤在宋代已经是众人皆知的名方，故他只说了方名而没有写明具体处方。当天深夜，病家来人说，服药后病未见轻，反倒增加了腹满的症状。他再次前往视诊，一看服用的药，原来是"小柴胡散"。他当即指出：汤剂和散剂效用是不同的，汤剂能通过经络快速取效，现在用散，则药滞于膈上，故有胃满之症状。他便亲自操作煎药，二剂之后病人便痊愈了。

后世无论是探讨《伤寒论》六经，还是研究命门学说，都绕不过朱肱。在疾病的诊治方面，朱肱擅长灵活运用经方，灵活加减随证变化。他医德高尚，是儒而兼医之大家。

宋代儒医

（三）郭雍

郭雍，约生于公元1106年，卒于公元1187年，字子和，号白云先生。其先祖为洛阳（今属河南）人，至郭雍时隐居峡州（今湖北宜昌）。郭雍出身儒门，他的父亲忠孝，官至太中大夫，拜宋代理学家程颐为师，对《周易》研究颇深，著有《易说》，号称兼山先生。郭雍受父亲影响，很小就开始学习儒学。平生致力于研究易学与医学，是当时有名的易学家和医学家。他在易学方面，承袭伊川先生解易之风，为程门支流。《四库全书提要》曾指出："而其平生自处，亦有合'幽人坦坦，履道之吉'，可谓无愧于立言者已。"他在易学方面的代表作是《郭氏传家易说》，成书于南宋绍兴二十一年（1151年）。

郭雍博学多才而淡泊名利。乾道年间(1165—1173年)，有人推荐他入朝为官，被他拒绝。宋孝宗知道他的贤德与才华，常常在大臣面前称赞他，并命令他所在的郡县在节日时致以厚礼，后来又封郭雍为颐正先生。

郭雍在医学方面笃好仲景之书，对《伤寒论》十分推崇。他潜心研究，深感《伤寒论》已有残缺，便收集《素问》《难经》《千金方》《外台秘要》等书的论述以及朱肱、庞安时、常器之等诸家之说进行补充，于1181年撰成《伤寒补亡论》20卷，由朱熹作跋，跋语"谓其分别部居易见，且使古昔圣贤医道之原委，不病其难。见者皆惊喜为奇书，其阐奥发微，可谓至矣"。于1195年（庆元元年）刊行于世。郭雍对伤寒学的贡献极大，是"伤寒八大家之一"

（四）张杲

张杲，字季明，生卒年不详，新安(今安徽歙县一带)人。南宋著名医史家，出生于名医世家，其伯祖张扩，曾拜名医庞安时为师学习医学，最终成为北宋时期称誉杏林的高手。而张杲的祖父张挥，亲受其兄张扩的指点，医术尤为高超。张挥又将自己所学传于张杲的父亲张彦仁，其父的医术更为精妙。张杲最初习儒，之后继承家业开始从医，他在给百姓诊治疾病的同时，还从事医学史料和禁方秘方的搜集整理工作，以儒医著称于世。

张杲精心研究医学50年，尤其善于论医，收集多年的所见所闻，广征博引，著成《医说》十卷，享誉医坛。《医说》记载了宋以前的历代医家120余人，记述了古代医书、本草、针灸的由来以及神医、神方、诊法等有关的典故、传说，史料价值很高。此外，还论述了各类病症，包括伤寒、诸风、吐血、头风、眼疾、口齿喉舌耳、骨鲠、喘嗽等内外妇儿各类疾病治疗验案，具有实际

的临床参考价值；此外还有如中毒、解毒、奇疾、食忌、服饵、药忌、养生、金石药戒等方面的论述，保存了许多当时的文人或医家的见解。在书中，他还有较多的论述是强调医生应重视医德的问题。《医说》是我国现存最早载有大量医史人物传记和医学史料的书籍。

中医大家与中医著作

（五）董汲

董汲，字及之，生卒年不详，北宋东平(今山东东平县)人，是著名儿科医家钱乙的同乡晚辈。他很小的时候开始学习儒学，进士落第以后，急于养亲，加上自幼体弱多病，于是放弃功名，改为从事医学。他研读了《素问》《灵枢》等各种方书及本草学著作，尤其精于仲景方药，治疗效果灵验。

董汲深谙儿科，擅长小儿斑疹的治疗，著有《小儿斑疹备急方论》。该书得到钱乙高度的赞赏，认为此书价值极大，而董汲对于儿科的医技也是极其精湛的。尤其值得一提的是，董汲已经认识到斑疹可损及人的眼角膜，造成角膜不可逆性病变，因此在治疗过程中特别注重调肝护目，防止角膜的病变发生。

此外，他还著有《脚气治法总要》《旅舍备要方》，对多种病症作了理论上的阐发，并且能够融会经方，创制新方，因此他的理论及制方在宋代医方中占有重要地位。

董汲不但医术精湛，更重视医德。"凡人之疾苦，如己有之"，把别人的疾病痛苦当成自己的病来医治。他经常往返于病患的家，无论严寒酷暑，不辞辛劳，对于贫困的患者，还想尽办法自己筹钱资助周济。董汲可谓儒医的又一典范。

（六）史堪

史堪，字载之，四川眉州人。约生活于宋神宗、徽宗年间，为政和年间进士，曾官至郡守。他非常精通医药，辩证精准，常常三四服药即愈，对于不愈者经他重新审证，改用他法，也能立愈。他是宋代士人而医的代表之一，著作《史载之方》，为宋代名家方书之一。

该书治病立法，十分强调"保真去邪"，在调和脾胃、补益肝肾、补气养血方子当中，多佐以祛风邪之品。他重视运气学说，处方用药多得于个人的经验，颇有创见，对脉诊也有诸多发挥，强调脉证结合，重视胃气。值得一提的是，史堪十分重视和强调医生的医德。他明确地指出作为一名医生，除了先对病症有明确的认识，还必须要有谨慎负责的态度，"差之毫厘，失之千里，得失之间，死生性命之所系"。

据宋·施彦执《北窗炙輠录》记载：有一次，宰相蔡京患便秘，太医们都主张用大黄之类的泻下之品。可是大黄苦寒泻下，药力峻猛，蔡京觉得让自己采用大下之法实在太痛苦了，无论如何也不同意。可是便秘也十分痛苦，正在情急之时正好来了一位医生，就是史堪。他为蔡京诊过脉后，只开了一味药，那就是紫苑。蔡京服后一会儿的工夫便就通了。紫苑虽入肺经，是温肺化痰的药，但肺与大肠相表里，紫苑清肺气，故大肠通了。实际上这就是中医的提壶揭盖法，上窍一通，下窍自然也就通了，现在提壶揭盖法也被中医广泛的应用于临床当中。当然，史堪也因此而名声大振，可与名医许叔微医术相伯仲。

另据南宋·洪迈的《夷坚志》记载：史堪的一个同乡，20 岁时患了一种疾病，什么东西都吃不了，闻到食物的气味便吐。吃了以后，鼻子还会流血，渐渐便神倦消瘦，没有医生能够治疗，于是请史堪为之诊治。史堪给病人诊查之后说："你这个病是《内经》中所说的食挂，为肺热叶焦，食不下脾，瘀而成疾。人体的肺在上，当舒张如盖，下覆于脾，这样才能子母气和（肺属金，脾属土，土生金，脾肺是母子关系），吃起饭来才能甜美。而一旦肺不舒，脾为蔽，则人不欲食。"于是投了一剂药，服了三日，此人闻肉味已觉香美，试着尝一尝，也不再恶心呕吐，疾病痊愈。

宋代儒门名医不胜枚举，再如南宋时期的医家崔世明，自幼习儒，多次考取功名而不中。他崇尚范仲淹的名言"不为宰相，则为良医"，于是潜心研究岐黄之术，以医术闻名于世。他医德高尚，为贫苦百姓治疗疾病，从来不收取报酬，并且施药给贫苦的人。

六、儒医的影响

宋代儒医的诞生开创了医学儒化的发展路线，医学被儒化后也推动了宋以后中医药学的发展，为其注入了新的活力。

总的来说，宋代儒医对后世中医发展的影响有以下几个方面：

第一，以儒家的伦理道德观来规范医德医风，使医生的医德提升到了更高的境界。

儒学的核心内容是伦理道德观，"仁"是其核心思想，济世利天下为其最高理想，忠孝为其最高道德规范。儒医们把儒家的伦理道德作为自己行医的指导思想，以尽忠尽孝、济世利人为行医的出发点，没有牟取暴利的私欲，把仁爱救人的医学事业作为实现自身理想的手段。儒医们对病人总是体贴入微，视如己病，大多数的儒医如许叔微等人，为人治病不收取任何报酬，另有一些医家不但不收取报酬，甚至还施药给病人。

受到儒家思想的影响，儒医们医德高尚，对整个医药界的伦理道德都具有一定的规范作用。

第二，儒士们都有着较高的文化修养，他们投身到医药领域当中，为医学的发展和进步注入了一股新鲜的力量。儒士比一般的医工医匠文化水平和素质有很大的提高，使得整个医学队伍的人员结构发生了变化，提高了医学的社会地位，对医学的发展起到了重大的促进作用。

第三，宋代儒医的产生对于医理的发展起到了重要的作用。

宋王朝重视文治与医药，给宋代儒士带来了较高的社会待遇，提供了相对宽裕的经济生活条件，所以儒医们也就有可能发挥学术优势，有机会在医理的探寻上下功夫。

由于儒医们有着习儒的根底，所以他们能比其他人更准确地理解和领会医学的真谛，也能更好地继承和发扬前人传承下来的医学知识，使宋代的医学知识体系更加完善。

第四，儒医对古医籍进行搜集和整理，并竞相著书，推动了医学书籍的发展，促进了医学知识更好的传承。

著书立说本为儒家的根基，对于儒士们来说这可是当仁不让的。而当儒士们加入到了医学队伍当中，也势必影响到他们开始对医学知识竞相著书立说。由于他们的儒学修养较深，所以最终取得的成就往往又大大高于一般的医家，也为后人留下了宝贵而丰富的医学遗产。

而在儒士加入到医生队伍中以前，有很多医生把医术看作是私人的财产，秘不外传。如唐代孙思邈就曾感叹"江南诸师秘仲景方而不传"，张仲景被称为中医界的医圣，他的方子被称为经方，在孙思邈那个年代，张仲景的《伤寒杂病论》并不能像现代社会到书店就可以买到，只有很少的人能够拥有这样一部经典医籍的手抄本，于是便视为珍宝，秘而不传，所以孙思邈也是直到晚年才得以见到张仲景《伤寒杂病论》的手抄本。

儒医们在仁爱救人、济世利天下的思想推动下，开始大量编撰整理和刊行医学书籍，总结和交流医疗经验，使得医学知识广为流传，为中医学经验的积累提供了条件，对中医学的发展起到了良好的促进作用。

如陆游就曾以实例来说明人的禀赋不同，用药剂量当有所别，以及常服食补药的危害，给人的印象极为深刻。还有很多儒医把自己临证的经验体会、读书心得等以散文形式、歌赋形式编撰成书，流传后世。受这种影响，后世产生了四部著名的歌赋，即明代龚延贤的《药性歌括四百味》、明代李时珍的《濒湖脉学》、清代汪昂的《汤头歌诀》和陈修园的《医学三字经》，又被后世称为中医的"四小经典"。

第五，受儒学"孝""恕"伦理观的影响，形成了中医学特有的思维方式和发展方向。

正如《孝经》所说："身体发肤，受之父母，不敢毁伤，孝之始也。""恕"就是"己所不欲，勿施于人"。古代社会的人们不仅要保全父母及自己的身体，还不能伤害和损毁他人的身体。而解剖学作为直接损毁他人躯体的行为，是儒家伦理观所不容的，为法律所禁止，这也就阻碍了解剖学在中国古代社会的发展。同时决定了中医学不同于西方医学的发展方向，也是中西医不同的根源之一。

宋代儒医在以儒学精神治医的实践中，不仅发展了中医学理论，提高了医德境界，而且创造了丰富灿烂的中医学文化，成为宝贵的民族文化遗产。

神奇的医学典籍——《黄帝内经》

　　《黄帝内经》简称《内经》，是我国传统医学四大经典著作之一，也是第一部冠以中华民族先祖"皇帝"之名的传世巨著，是我国医学宝库中现存最早的一部医学典籍，被后世尊为"医家之宗"。《皇帝内经》始于春秋战国时期，全书包括"素问"和"灵枢"两部分，其中多数篇章是以皇帝与岐伯等医臣的问答形式出现的。他为中国数千年来的中医学发展奠定了坚实的基础。

一、绝代医宗——《黄帝内经》

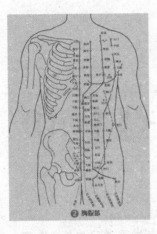

②胸腹部

　　《黄帝内经》简称《内经》，是我国传统医学四大经典著作之一，也是第一部冠以中华民族先祖"黄帝"之名的传世巨著，是我国医学宝库中现存最早的一部医学典籍，被后世尊为"医家之宗"。

　　《黄帝内经》始于春秋战国时期，全书包括《素问》和《灵枢》两部分，其中多数篇章是以黄帝与岐伯等医臣的问答形式出现的。它总结了春秋至战国时期的医疗经验和学术理论，吸收了秦汉以前有关天文学、历算学、生物学、地理学、人类学、心理学的理论，并运用朴素的唯物论和辩证法思想，对人体的解剖、生理、病理以及疾病的诊断、治疗与预防，作了比较全面的阐述，确立了中医学独特的理论体系，迄今在诊治学上仍具有指导意义。正是《黄帝内经》中天人相应的系统理论，使历代学医人深受影响。在《黄帝内经》的指导下，涌现出众多著名的医学大师，在古老的五千年文明里无限地传承着中华医道。

　　《黄帝内经》是一部神奇的医学典籍，在现代研究过程中，人们惊讶地发现，中华先祖们在《内经》里所作的一些深奥精辟的阐述，虽然发生在两千年前，却揭示了许多现代科学正试图证实与将要证实的成就。

　　《黄帝内经》这部著作自著成伊始，就为人类的健康作出了巨大的贡献。它为中国数千年来的中医学发展奠定了坚实的基础，庇佑着我们中华民族，使我们中华民族生生不息，使我们中华儿女能够战胜疾患、灾难，绵延至今。

　　自从有了人，就有疾病，人有了疾病的同时，就会想办法去治疗疾病。

　　传说黄帝打败蚩尤统一天下后，就教导臣民要顺应天地的自然规律，观察日月星辰的运行轨迹，按时节播种和收获百谷，驯养禽兽为家畜，并经常提醒人民要注意有节制地使用水火资源。因为，人类的饮食起居和情绪变化，自然界的寒暑变迁对人的影响，人们所遇到的疾病灾祸等等，也都是黄帝需要面对的。于是黄帝非常详细地研究了天地之间的事物，洞察人的生命，弄清阴阳规律，向医学大师咨询了医学之事。

与黄帝讨论医理的都是他的医臣，这是一批卓越的医生，一批满腹经纶的医学大师。就在一问一答中，逐渐形成了《黄帝内经》。《黄帝内经》所总结的经验，不见得就是黄帝的经验，但是它反映了中华民族在那个阶段的历史成就。

《黄帝内经》这部著作并非黄帝所作，也决不是出自一人手笔，也并不是一个时代、一个地方的医学成就，而是在一个相当长的时期内，众多医家们经验总结的汇编。而"黄帝"只不过是古人托名而作，正是为了要证明这部著作的重要性及可靠性。

这是为什么呢？早在远古时期，人们经常应用占卜来解释有关疾病、灾祸的现象。他们用烧红的树枝去烫龟甲，直到它的正面出现裂纹，并通过裂纹的形态来判断吉凶。人们认为这些裂纹就是神给的答案，并把一切疾患都归于祖先或鬼神给予的惩罚。在治疗疾病的时候，就通过占卜来祭拜鬼神。后来，战国时期有个叫医和的人非常反对这种观点。他认为，人生病不是因为得罪了鬼神，而是因为吃了不适当的食物，情绪有所变化，或者是气候变化导致这些疾病的。

在接下来的几百年里，巫与医不停地斗争着。公元前581年，晋国的国君景公生病了，他先叫来巫师来治疗，巫师通过占卜认定景公的病是两个被景公杀害的人的鬼魂作祟所致。景公不相信，就赶走了他。景公又听说秦国有个名医，就派人前去求医，秦国国君便命医缓来为景公治病。医缓为景公做诊断，说：您的病不能治了，因为病邪已经到了"肓之上，膏之下"，用任何药物都不能去除了。

在这些事情上，我们能看出当时人们对巫术的信奉与尊崇，而对疾病，人们还没有一个正确的认识态度。《黄帝内经》明确指出：信奉巫术的人，不必和他讲医理；厌恶针石的人，不必与他讲医疗的功效。拒绝医疗的人，病肯定治不好，就是治了也不会有效果。

正是《黄帝内经》的出现，冲破了数千年的巫术之风，使人们能在患病时得到有效的治疗，避免了更大的灾疾。事实证明，《黄帝内经》自问世之日起，一直是指导解决医疗实践问题的典范，也正是《黄帝内经》使中华医学走上了独立科学的发展道路。

二、充满智慧的阴阳学说

阴阳学说在古老的中国已经存在了几千年，它的源头无法窥测，它古老而深邃，已经深入根髓，并被人们不知不觉地接受、沿用。

阴阳学说起源很早，有人认为在西周时期就已盛行，很多资料都保存在《尚书》《左传》《国语》《周易》之中。《黄帝内经》深受影响，在《天元纪大论》和《九宫八风篇》中就直接引用了《周易》关于阴阳的原文。最主要的是，《黄帝内经》将阴阳学说贯穿全书始末，认为自然万物及其变化都可以用阴阳学说来解释，并最终使其成为诊断治病的纲领。

阴阳本源于象形文字，指的是日光的向背，向日者为阳，背日者为阴。古人认为山之北、水之南，是日光不能到达的，所以为阴。我们根据日光的向背和山水的南北分阴阳来推测，也可以从带有"阴""阳"二字的中国地名得以引证。如"华阴"，是因其处于华山之北而命名；"江阴"，则是因其地处长江之南而命名；"衡阳"，是因其居于衡山之南；而"洛阳"，则是因其坐落于洛水之北。

阴阳源于日光向背的现象，是古人对于自然现象的观察和思考，并以此来说明日月运行和季节变化的过程。渐渐地，古人将这一阴阳理论又不断地引申，逐步扩展，乃至把一切事物或现象的本身所存在的相互对立的两个方面均用阴阳加以概括。如由向日而引申出来的，凡是光明的、温热的、上升的、向外的、运动着的事物或现象都归属为阳，而由背日而引申的，凡是晦暗的、寒凉的、下降的、内守的、相对静止的事物或现象都归属为阴。

那么，《黄帝内经》又是如何将阴阳学说应用于人类医学的呢？我们知道，阴阳学说在《内经》成书前就已形成并沿用。事实上，阴阳学说早已渗透在《黄帝内经》理论的各个方面。

《黄帝内经》指出："阴阳者，天地之道也，万物之纲纪，变化之父母，生杀之本始，神明之府也，治病必求于本。"意思就是说，阴阳，是自然界的根源，是万物发展的规律，是一切变化的起始，是生死的根本、神明之所在，治病一定要把握住阴阳规律再去治疗。这里的"本"，指的就是阴阳。

在《黄帝内经》中，阴阳学说认为，世界上一切事物都包含着阴阳两个方面，正是由于阴阳的相互作用，才有了自然万物的发生、发展和变化，阴与阳是相互依存的，却又相互对立，还可以相互转化，阴离不开阳，阳也离不开阴。就拿手来讲，手心为阴，手背即为阳，都是相对而言的。

《黄帝内经》指出人与自然界是一个整体，而人体本身又是一个有机的整体，人体的一切组织结构又可分为相互对立的阴阳两个方面。就部位来讲，人体上部为阳，下部为阴；体表属阳，体内属阴；背部为阳，腹部为阴；四肢外侧属阳，四肢内侧属阴。而对于脏腑特点来讲，五脏（肝、心、脾、肺、肾）因为贮存精气而属阴，六腑（大肠、小肠、膀胱、胆、三焦、心包）因为主管传化营养物质而属阳。正如《黄帝内经》中所强调的"人生有形，不离阴阳"。

而疾病的变化情况，也可以用阴阳属性来概括。《黄帝内经》中说"善诊者，察色按脉，先别阴阳"，意思就是说，会看病的人，在观察病人情况诊断脉象时，一定要先区别阴阳属性。因为，人体生命活动的正常状态，是阴阳两方面保持对立统一协调平衡的结果，一旦人体的阴阳关系失调，正常的平衡状态就会被破坏，就会导致阴阳的偏盛偏衰而引起疾病。而在临床诊断上，首先要区别阴阳，进而调整使之恢复平衡，这才是治疗的基本准则。

清代有一位姓孙的人患了感冒，一些医生想用温热药来发散病邪，结果病人吃药后，根本不出汗，拖了十几天，病情越来越重，于是请来名医王孟英诊治。这个时候，孙某已经神志不清，口不能言，胸部出现微斑，并且三天没有小便了。别的医生还认为前药用量不够，建议用温补之药，王孟英听了急忙加以制止，他说病人现在已是明显的阳热阴亏了，再用温药，邪热更加炽盛，岂不是要绝其阴？医生们没有别的办法了，只好同意了王孟英的诊断，采用了补阴的方法，病人很快就好了。

神奇的医学典籍——《黄帝内经》

明清时期，有一位名医叫喻嘉言，他看过一个病人，叫徐国真。徐国真得伤寒病已经七八天了，他的症状是眼睛发红，烦躁，想喝水。一般人看，都会认为这是阳证，是阳证就要泻阳补阴啊，于是一些医生就要给他开承气汤。喻嘉言说不对，他虽然想喝水，但是拿来水他并不真喝，他的脉虽然浮大，但是重按没有力气。按中医来讲，这个就叫阴盛格阳，是体内阴盛，把阳关在了身体外面而表现出来的一派热象。承气汤是用来泄阳的，而病人体内阳气所剩无几，非常微弱，若用承气汤，病人肯定是有去无回了。所以，喻嘉言就给他用了四逆汤加人参，这个药方是用来升阳的。果然，病人服用之后寒象就出来了，盖上被子直打颤，这说明阳气已经复苏了。

有的时候，阴阳之证很难鉴别，它需要医生具有极强的辨治能力和丰富的治疗经验。

罗谦甫曾医治过一个姓李的人，此人在四月份的时候感染了伤寒，发病九天。医生们都当做阴证来治疗，给他用了很多大热的附子理中丸，可是病人的情况变得更加严重。家人又给他换了医生，这些医生又要当做阳证去治疗。李姓家人看到众医生犹疑不定的样子就更不敢让病人服药了。后来罗谦甫来了，仔细地为病人家属分析病情。他说，凡是阳证的人，身体一定会大热，但手足不凉，躺在那里不会不舒服，起来也会很有力量，不怕冷，怕热，不呕吐，不腹泻，口渴，烦躁，失眠，能吃，脉象浮大而数，这就是阳证。凡是阴证的人，身体不发热，而手足发凉，怕冷、蜷卧、面向里，不喜欢吵闹，有的人会拿衣服来盖在身上，不烦，也不渴，也不想吃东西，小便频，大便稀，脉象沉细而微迟，这就是阴证。罗谦甫诊病人脉象沉数，足有六七至，晚上睡不着觉，喜欢喝冷水，这都是阳证的表现，另外病人已经三天没有大便了，于是急忙用酒煨大黄18克，炙甘草6克，芒硝15克，为病人煎服。到了晚上病人排出燥屎二十余块，出了很多汗，身上的热才消散，脉象才平和。

看了这三个病例，我们可以知道：人体的正常生理活动，是体内阴阳两个方面保持对立统一的协调关系，并且达成一种动态的相对平衡状态。也就是说，没有阳就不会有阴，阳阴相互扶持，才能使身体更加健康，反之，阴阳的平衡协调一旦被打破，阴阳不能相互为用，人的身体就会出现疾病的征兆，如果阴阳不能依存，相互分离，那么人的生命活动也就随之停止了。

阴阳学说是充满智慧的，《黄帝内经》将这个世界存在的一切物质与非物质都与阴阳联系起来，运用阴阳对立统一的理论，认识、分析了人体的生命活动、病理变化及与自然界的联系，而我们只有在日常生活中和临床上不断地体会、推求，才能真正地、更深刻地理解它的正确、伟大与精妙。

三、内涵丰富的五行学说

据传，天帝传下的治国大法第一类竟然是五行，五行在史书中记载是这样的："五行：一曰水、二曰火、三曰木、四曰金、五曰土。水曰润下，火曰炎上，木曰曲直，金曰从革，土爱稼穑。"意思就是说，五行，指的就是水、火、木、金、土，水是下行滋润的，火如火焰一样发热向上，木可曲可直，金有刚柔相济之性，有土才能种植与收割。

五行学说起源于殷商时期，汉以后，阴阳五行作为中国人的一种思维模式，被广泛地应用于社会各个学科，当然也包括医学。

五行学说认为，物质世界是由木、火、土、金、水五种基本元素构成的，这五种基本元素相互滋生、相互制约，导致了物质世界的运动变化和普遍联系。比如说，木能生火，火生土，土生金，金生水，这是五行的相生关系，说明它们可以相互促进、相互滋生。转而，木克土，土克水，水克火，火克金，金克木，这便是五行的相克关系，也就是相互抑制、相互制约的关系。这些相生相克的关系，在自然界万事万物中，是无时无刻不存在的。

《黄帝内经》认为世界上的一切事物都是由木、火、土、金、水五种属性的基本物质生成的。这五种属性，又可理解为事物的五种功能、作用，可将万物划为五种类别。它不仅把人体的部分器官配到五行当中，称作五脏，还把气味、颜色、声音、形状等等都与五行相配，用来说明人体是一个有机的整体，同时也用它来说明人的病理变化。如果五脏正常，那么人体就是一种正常的生理状态，如果反常，人体就会处于病理状态。是不是正常，是由相生、相克关系所决定的，如果相生或相克关系超出正常范围，无论太过还是不及，都会导致疾病的产生。

我们可以将五行与人体各方面联系一下。

五行：木、火、土、金、水；

五脏：肝、心、脾、肺、肾；

五色：青、赤、黄、白、黑；

五味：酸、苦、甘、辛、咸；

五志：怒、喜、思、悲、恐。

这里，每一行的内容与人体都是相互联系的。拿肝来讲，肝属木，色青，酸入肝，肝主怒。根据五行相克，可得知肝克脾（木克土），如果制约太过，或者说相克太过，就会出现脾虚和肝气旺的病理表现，也就是"相乘"现象。如果制约不及时，脾土就会反克肝木，出现脾旺、肝气不足的病理表现，称为"相侮"。

五行之间无非这四种关系：相生、相克、相乘、相侮。根据五行之间的关系可得知五脏之间的联系。那么，相应地，五行与疾病的临床诊治也是分不开的。

在清代名医吴鞠通的诊治经历中曾遇到过这样一个病人。该病人二十多岁，感觉胸中堵塞，好像有郁结的硬块一样，另外还因肝气郁结而吐血。吴鞠通为他开了药方，几日后，病人再次吐血并且不能进食。吴鞠通采用"和肝络、养胃阴"的方法进行治疗，取得了一定疗效，但病人仍然咳嗽，胸中隐隐作痛，并有气喘、虚弱之象。于是吴鞠通继续采用"补土生金"法，病人痊愈。"补土生金"法就是通过补脾胃来养肺的方法。脾胃五行属土，肺属金，土能生金，肺得到脾胃的滋养，咳嗽、气喘这样的症状自然就会消失了。

明朝有位 19 岁的青年，面白体弱，因为思虑过度，夜里出现梦遗，接着又吐了一碗血，开始轻微咳嗽，再后来又忽然发热，出疹子，疹子好了以后，阴囊又开始瘙痒。这位青年忍不住去搓擦，导致发炎出水，等到阴囊瘙痒好了，

又感染风寒，咳嗽不止，两胁生疼。

为青年看病的医生叫汪石山，他认为，心属火而藏神，肾属水而藏志，二者上下相通。病人是由于思虑过度而多梦，志不宁而梦遗。根据五行原理，在正常的情况下，肾水上升制约心火，而这位青年因为梦遗，使得肾水不升而心火独亢，与此同时，引动了肝火。这样一来，二火同时上升，血从上窍溢出，导致病人吐血。此外，肝脉环绕生殖器，因此肝火侵扰阴囊，令其肿胀瘙痒。火克金，所以肺虚而生咳。此外，人的两胁是阴阳往来的通道，通道为火所阻，气运行不通畅就会产生疼痛。汪石山用很简单的说明尽述中医学的玄妙，而这一切再用五行原理去解释，令人茅塞顿开。

明代时还有一位妇女，她的上身及脸部、头部发痒，刺痛起块。医生们看过后都说是风证，因为受风的症状与之相似。她家请的一位医生叫江汝洁，江医生通过仔细诊脉后发现，病人左手脉细，右手脉微实。他想起《黄帝内经》中的话：脉微就是虚，脉弱也是虚，脉细是气血两虚。心主血，肝藏血，这一定是血虚无疑。而肾藏精属水，这个部位的脉微是水不足，是肝火和肾火引起的疾病。诸阳为热乃热在肺，这都是由于火克金的缘故。肺主皮毛，肺有病在皮毛上会有所反应，出现发痒、起块的症状。因此，治疗上应该补水以制火，养金以伐木，也就是用补肾水的办法来克制肾火，滋养肺来克制肝，以达到阴阳五行平衡。通过以上的推论，江汝洁找到了最合适的办法，一击成功，病人很快就痊愈了。

古代和现代的医案中类似的记载数不胜数，不管病人病情发展如何，医生只要牢牢掌握阴阳五行大法，将之充分地理解、运用，就能参透病人生死，救人于危难之中。

阴阳五行学说贯穿《黄帝内经》全书，是解开《黄帝内经》乃至中医学之谜的一把极为重要的钥匙，将阴阳五行合参，才能对人类的生命形态作出最完整的认知，而这一点，无论从科学的系统性、完整性来讲，或从医学的理论性和可操作性来说，都达到了令世人惊叹的水平。

中医大家与中医著作

四、内外相应的藏象学说

藏象学说，是《黄帝内经》理论体系最核心的部分，也是中医学最基本的部分。藏象学说的主要内容，就是关于脏腑的论述：肝、心、脾、肺、肾为五脏；胆、胃、小肠、大肠、膀胱、三焦为六腑。藏象学说以五脏六腑为中心，联系躯体、五官、九窍等组织器官，构成了一个完整的人体。

这种整体联系是以五脏为中心的，包括脏与脏、脏与腑、脏腑与外在体表组织等。在人体的生命活动中，五脏相互联系、相互协调、相互作用，构成了一个天衣无缝的绝妙的生命系统。

有趣的是，为了更形象地阐明五脏六腑的生理功能，《黄帝内经》把古代君臣拿来做比喻：心为君主、肺为宰相、肝是将军、脾是仓廪官、肾是作强官。

心为君主之官，它是人体生命活动的主宰，在脏腑中居首要位置，所以是君主。心的主要生理功能是主血脉。心气旺盛，就能推动血液顺脉流动营养全身，如果血液流动不畅或血脉空虚，就会有心悸、眩晕等病理表现。

肺是宰相之官，它的生理功能是主气，掌管呼吸。在正常的情况下，肺气的上升和下降使全身气道通畅，身体内外的气得以交换，对体内的水液运行和排泄起到调节作用。如果肺的功能失调，会导致痰淤、水肿、胸闷等病症。

肝是将军之官，它主疏泄和藏血。肝是急躁、以武力取胜的将军，有主升、主动的特点，它调畅气机，促进脾胃的运化并调节情绪。当它功能正常时，就会气血通畅、心情舒展，这是脾胃得以正常运行的重要保证。当将军发怒的时候，就是肝功能失调的时候，会出现胸胁胀痛、头晕、头痛、易怒等症状。

脾是仓廪之官，它主管运化、升清并统摄血液。脾功能正常，人体的消化吸收功能才会健全，而如果脾功能减退，就会引起腹泻或大便干燥，食欲不振、倦怠、消瘦的病症。

肾是作强之官，肾主藏精，主水液。精是

构成人体的基本物质。肾精的盛衰对人的生长发育和生殖功能起着决定性的作用，同时精气对各脏腑组织有濡养滋润的功能。肾阴肾阳是一身阴阳的根本。肾功能一旦失调就会出现烦热、盗汗、耳鸣、眩晕、腰膝酸软的病理现象。

看起来，五脏异常所产生的病理情况不太容易掌握，但是若与阴阳五行学说相互参考就更容易理解一些，因为《黄帝内经》一直将阴阳五行渗透进每一个细微的角落，而所有大法都是融会贯通的，掌握了其中一点，其他的自然也就迎刃而解了。

中医大家与中医著作

我们还是用医案来加强对藏象学说的理解。

元代有一位妇人，三十多岁，忧思不已，饮食没有节制。她脸色发黑，没有光泽，沿嘴唇一圈发黑更为明显。她总觉得饿，饿了也不想吃，气短而急促。罗谦甫为她诊断后说，脾胃在中，传送精微物质，以营养其他脏腑。人的脾胃之气受到损伤，就会影响到其他脏器。这位妇人忧思不断，使得脾胃气结，饮食失调，使水湿上泛。脾胃之气耗损，不能正常发挥土克水的功能，导致水反过来抑制土，肾水为黑色，所以妇人面色发黑，脾胃属土，脾开窍于口，于是黑色也出现在口唇上。《黄帝内经》说："阳明脉衰于上，面始焦。"这里阳明指胃经，这句话的意思就是说：胃气不足，脸上便没有光泽。所以对于这种病症，治疗的关键在于调理脾胃。对此，罗谦甫对症下药，几剂药服下去后病果然好了。

清代王孟英被请去为一位朱氏夫人看病。这位夫人向来怕吃药，就算是味道极甘的药，也是吃下去便吐。最近这位夫人每天下午三点以后发冷，夜里发热，睡觉出汗，咽喉发干，咳嗽，两胁疼痛，后来饭量逐渐减少，月经也减少了，人也逐渐消瘦，精神很差。王孟英诊断后说，这个病是由于太过抑郁，思虑过度，伤及心脾所致。他想到这位夫人怕吃药，就想出一个妙方。以甘草、小麦、红枣、藕四味煮汤，每日多饮几次。病人尝药以后很喜欢，每天喝个不停，连续服用两个月后病愈。这里的红枣补心，气香开胃，藕舒缓情绪，加上甘草、小麦，能够益气养血，润燥缓急，正好对应病人的病症。

秦伯未先生曾诊治一名男子，年龄33岁，全身浮肿已经好几天了。病人阴囊积水如斗大，大小便闭塞不通，喘息胸闷，皮肤干燥无汗，什么都吃不进去，甚至连水都难以下咽。用西药利尿，刚开始还有点效果，但不久就失效了。用了大剂量的健脾利水温肾的中药，也没有效果。秦先生想到中医理论中有"肺为水之上源""导水必自高原"之说，在消肿治法里有"提壶揭盖"的措施。于是毅然用大剂量的麻黄汤加减，病人服药两剂后肺气开，利下小便近万毫升，水肿随之消退了。

显然，中医的五脏表里相通、上下相通，将人体上上下下联系成一个个有组织有纪律的工作团队，各司其职，又相互沟通，它们演示了人体生命运动方式，构成了一个绝妙的生命系统。

古代医家为我们积累了许多宝贵经验，他们应用藏象学说不但能了解人体全身的功能，还能够测知隐微的病情。因此，古代医学对人类的研究在阴阳五行的基础上，又前进了一步。

五、伟大的发明——经络学说

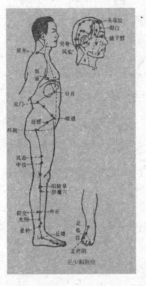

中医大家与中医著作

作为人体普遍存在的经络系统，早在几千年前就被我们的祖先发现了，到了战国时代，医学大师们把它总结在《黄帝内经》之中，形成一套完整的、可操作的、相当精确的经络理论。

《黄帝内经》的经络学说，是中医理论的重要组成部分。《黄帝内经》认为，将人体各器官、各组织联结成一个有机整体的正是经络。经络是运行气血，联结脏腑、皮肉、肢节，勾连人体上下内外的通道。

经络，指经脉和络脉。经脉分布在人体深层，络脉分布在人体表层。分布在深层的经脉，可分为正经和奇经两大类。

正经有十二条，即手三阴足三阴，手三阳足三阳，合称"十二经脉"。十二经脉的命名是结合脏腑、阴阳、手足三个方面来定的。属脏而循行于肢体内侧的为阴经，属腑而循行于肢体外侧的为阳经。十二经脉是气血运行的主要通道，联络脏腑、肢体及濡养身体各部。十二经脉通过支脉和络脉的沟通衔接，形成六组"络属"关系，阴经属脏络腑，阳经属腑络脏，十二经脉互为表里，属腑为表，属脏为里。

十二经脉为：手太阴肺经，手阳明大肠经，手厥阴心包经，手少阳三焦经，手少阴心经，手太阳小肠经，足太阴脾经，足阳明胃经，足厥阴肝经，足少阳胆经，足少阴肾经，足太阳膀胱经。由于他们隶属于十二脏腑，为经络系统的主体，因此又称为"正经"。

奇经是任脉、督脉、冲脉、带脉、阴维脉、阳维脉、阴跷脉、阳跷脉的总称。它们与十二正经不同，既不直属于脏腑，又无表里配合，因而称为"奇经"。它们主要对十二经脉的气血运行起到溢蓄、调节作用。

整个经络系统就这样沟通表里、联络上下，将人体各部的组织器官联结成一个有机的整体。它输送营养到全身，因而保证了全身各器官正常的功能活动。

另外它能保卫机体，使身体不受外邪的侵害。

由于经络在人体各部分布的关系，当内脏有病时便可以在相应的经脉循环部位出现不同的症状和体征，有时内脏疾患还在头面五官等部位有所体现。如心火可导致口舌生疮，肝火升腾可导致耳目肿赤，肾气亏虚还可使两耳失聪。

因为经络循行有一定的部位，并且和一定的脏腑相络属，脏腑经络有病可在一定的部位反映出来，因此可以将疾病在各经脉所经过的部位的表现当做诊断的依据。如头痛病，前额痛多与阳明经有关，两侧痛与少阳经有关，枕部痛与太阳经有关，巅顶痛则与足厥阴经有关。

《黄帝内经》指出：病邪刚开始侵入皮肤的时候，皮肤的纹理松开，病邪便由纹理进入到络脉；病邪在络脉聚集多了，便深入到经脉，再由经脉入侵到各相关的脏腑器官，并停留在这些器官里，导致脏腑的病变。所以，面对各种病症，中医都可以循其相关的经络，联系相关的脏腑，准确地判断疾病部位和病根所在，并沿着相关的线路给予整体治疗和调理。中医内科、妇科、儿科、针灸、推拿按摩等等，都离不开经络的指导。

明朝时期，有一位大司马叫袁洪溪，他在暑天忙于处理公务，生了病，发热燥渴之下，又吃了一些冰浸泡的瓜梨之类的水果，结果开始拉肚子。他每天拉的不多，也不太稀，医生们用胃苓汤加滑石、木通、车前子等药物给予治疗，拉肚子是止住了，不料又开始便秘了。每次大便干结，很难排出，非常痛苦。医生们就拿来润肠丸给他服用，结果服了药后又开始腹泻不止。医生干脆重新使用前面的止泻药方，没想到小便从此不能正常排泄，下腹部胀急时站着小便排不出来，往床上一躺却又流个不停，想止也止不住。家人只得五次三番取小便器来用，通宵不能休息。半个月过去了，大司马精神委靡，吃不下也睡不着，众多医生一筹莫展，都不知道大司马究竟得了什么病。最后，请来了孙东宿。

孙医生诊脉后说，这是病人身体内还有剩余的暑气没有除去，加上大司马喜欢喝酒，湿热流于下部。不过现在是下午，恐怕脉象不准，等明天早上仔细检查后再定药方。说完准备离去，却被司马拦住。他恳求说："我这个

神奇的医学典籍——《黄帝内经》

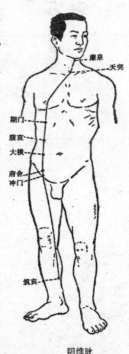

阴维脉

171

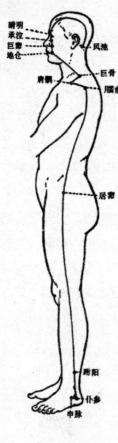

睛明
承泣
巨髎
地仓
风池
巨骨
臑俞
肩髃

居髎

跗阳
仆参
申脉

阳跷脉

中医大家与中医著作

病已经很久了，今天怎么也得求您给我开一服药。"并且邀请孙医生当晚住在家中。孙医生不得已，以益元散三钱，煎香薷汤给司马服用。

第二天一早复诊，脉象竟同昨天一样。孙医生仔细一想，恍然大悟："此病是尿窍不对也。"司马问，什么书里有这个论述？孙医生回答："《黄帝内经》说，膀胱中湿热下行，所以站立解小便时，窍不能对应，因此尿不出来。睡卧时膀胱下附，所以尿渗出。在治疗上只有提补上中二焦元气，同时清除下焦的湿热，使三焦恢复正常，病才能痊愈。"找到了病因，对症治疗后，大司马的病很快就好了。

上面这一则是关于手少阳三焦经病的案例。在孙医生的诊病过程中，经络为他的诊断和治疗提供了最为准确的信息和依据。孙医生的回答可以说明：辨清经络循行，理清经络与脏腑的络属关系，就可以准确地判断疾病所在，进而用更好、更便捷的方法来为病人治病。

中医学的应用看起来很简单，却又透着玄妙，倘若能将这些重要的学说、主导部分融会贯通，那么对于疾病的治疗也会得心应手，获得非常神奇的疗效。

当然，与经络理论密不可分的就是针灸学。《黄帝内经》详尽地论述了脉络的循行，针灸治疗的原则、时机，以及各种针刺方法和针具类型等等，为后世针灸学的发展奠定了理论基础，产生了难以估量的深远影响。

六、中医所用的诊法

人们普遍认为，中医所用的诊病方法是神奇的。因为不需要借助任何工具或仪器，中医就可以综合病人的症状，找出病灶所在。

相传，中医特有的"望、闻、问、切"四大诊法，是春秋时代的神医扁鹊创立的。诊法也是《黄帝内经》中重点阐述的一个部分。《黄帝内经》指出人体内的任何病变都可反映在身体外部，通过对人体外部特征的了解，就可把握人体内部的变化规律，对疾病的原因、部位以及发展情况给予准确的判断。这种由表及里的方法，就是"望、闻、问、切"的四个组成部分。

（一）望而知之谓之神——望诊

望诊是运用视觉观察病人的神、色、形、态和舌象的异常变化，以此来判断病性和发病部位的诊断方法。

《黄帝内经》认为"神"是生命主宰，是生命活动的外在重要表现，如果一个人眼神明亮、呼吸自然、谈吐清晰、神色正常，这就是有神的表现。而呼吸不稳、语态张狂或语声低微、不敢视人、目光晦暗就是无神的表现。

对面部的观察，《黄帝内经》提出了"五色诊"。色泽是脏腑气血的外在表现，而面部毛细血管丰富，最容易反映体内的生理、病理情况。如肤色发白可能是有寒象，发红为热象，发青则是由寒或疼痛产生的，发黄可能是水湿过多、脾胃运化不足，发黑则可能是因为水肿或带下产生的。

另外，望舌也是中医望诊中的重要诊察手段。《黄帝内经》认为五脏以及经络与舌有着内在的联系，通过对舌质、舌形、舌苔的观察，能测知脏腑气血的病理变化，从而为辨证论治提供依据。

据说，在古代名医中扁鹊尤其擅长望诊。战

国时期，扁鹊到了齐国，齐桓侯知道他医术高超就很热情地接待了他。扁鹊看到桓侯就对他说："您体表有病邪，如果不及早治疗，恐怕会越来越重。"桓侯不以为然，认为扁鹊危言耸听，想把没病的人说成有病然后来邀功领赏。

十天后，扁鹊来见桓侯，说："您的病已经到肌肉了，再不治疗，病邪会越来越深入。"桓侯很不高兴。

又过了十天，扁鹊见到桓侯，说："您的病邪已经到了肠胃，再不医治的话，恐怕越来越厉害。"桓侯仍不理他，但心里更加不高兴了。

再过十天，扁鹊远远地看到桓侯，转身就走。桓侯感到奇怪，就派人去问扁鹊。扁鹊说："桓侯如果病在体表，吃点汤药，热敷一下，病就好了；病在肌肉时，用针灸法治疗也可以治愈；病在肠胃还可以用清热降火的方法；可是病邪到了骨髓深处，医药就没法达到了。"

五天后，桓侯全身疼痛，派人去找扁鹊，扁鹊已经逃往秦国了，最终桓侯病死了。

这就是一段关于桓侯"讳疾忌医"的故事。可见病邪都可以表现在人体表面，医生通过认真观察，必能体会到内在脏腑的病理改变，从而尽早地医治病人。可惜的是，齐桓侯并不相信扁鹊，白白地断送了自己的性命。

（二）闻而知之谓之圣——闻诊

闻诊分为两法，即听声音、闻气味。听声音，是诊察病人的语音、呼吸、咳嗽、呕吐、喷嚏、肠鸣等各种声响。闻气味，是闻病人身上有什么样的味道，比如酮症酸中毒的糖尿病人一进屋子就会闻到一股烂苹果味，水肿病晚期患者身上多有尿臊味。闻诊也是中医诊断疾病的重要手段之一。

在清道光年间，有位叫崔默庵的医生，医术非常高超。当时有一个人刚刚结婚，不久身上出了很多痘疹，全身发肿，头竟有斗那么大。很多医生一点办法都没有，后来家人请来崔默庵，经过诊断，这个人脉象平和，只是有一点虚弱，一时之间也找不到原因。崔医生是个认真的医生，一旦找不到病因，他就会和病人在一起生活，反复地诊视，直到找到病因才罢休。就这样，崔医生因为找不到病因，肚子又太饿，于是就在病人的床前吃东西，这时候，他发现病人竟用手扒开了双目，羡慕地看着他吃喝。崔医生就问他是不是想吃东西，病人说："是的，可是其他医生都不让我吃东西。"崔医生说："这个病对饮食有什么妨碍呢？"于是就让他吃了东西。看到这个病人吃得很香，崔医生就更加不明白了。

过了很久，崔医生发现卧室里床榻桌椅气味熏人，这才明白过来，于是急忙让人把病人迁到别的卧室里去，用生捣螃蟹的汁液敷遍病人全身，过了几天，病人就全好了。

原来，新人结婚，家人为他们装饰了房间，给家具重新涂了漆，还没等气味散尽，新人就住进来了。而这个房间可能就像我们现在所说的甲醛超标了，这个新结婚的年轻人也就出现了上述一系列中毒的症状。

（三）问而知之谓之工——问诊

问诊，是诊断上极为重要的线索和信息。如病人的发病时间、原因、主诉症状、饮食情况、病史等都需要通过询问进行了解。《黄帝内经》认为：诊断的时候不问病人的病情是怎么开始的，不问病人的饮食情绪、起居是否适度等等，不问病人的情况便仓促确诊，就一定会使自己陷入困境之中，无法治愈病人。

明代著名医家张景岳在总结问诊的经验基础上写成了《十问歌》，后来的医生又加以修改，成为"一问寒热二问汗，三问头身四问便，五问饮食六胸腹，七聋八渴俱发辨，九问旧病十问因，再兼服药参机变，妇女尤必问经期，迟速闭崩俱可见，再添片语告儿科，天花麻疹全占验"。这首歌诀充分概括了中医问诊的基本内容。

（四）切而知之谓之巧——切诊

如果说中医的诊断方法神奇，

那么就不得不提到诊脉。人们总是很奇怪，为什么用手指往手腕上的动脉处一搭就可以得知病人的各种病情？最厉害的是，有的老中医不用你说什么，只是通过按脉就能说出你有什么样的实质病，你病情的现状是什么，这一切都让人们惊叹于中医学的博大精深。

然而，上面所说的诊脉也是切诊的一种，具体来讲，切诊是对全身的检查，就是运用手指对病人体表进行触、摸、按压，从而获得重要信息资料的诊断方式，它包括脉诊和按诊。

按诊比较简单，它主要根据人体的解剖部位，再结合诊疗经验来判定疾病的具体情况，比如病人右下腹疼痛，按之更甚，有的呈条索状，这样我们就可以初步判定这个病人可能是阑尾炎发作。而脉诊讲起来就不是那样的简单。

《内经》中讲"经脉流行不止，环周不休"，因此通过脉象的变化就可以推测出疾病的部位、性质等情况。《内经》中共记载了三种脉诊方法：三部九侯法，人迎寸口对比诊法和寸口诊法。而当代医生主要采用寸口诊法，因为全身的气血情况都能反映在寸口脉上，故而寸口脉主要用来辨别全身脏腑气血的"有余"和"不足"。《黄帝内经》中详细论述了寸口脉的长、短、滑、涩、迟、数等数十种脉象的情况及临床意义，详细论述了寸口脉的划分部位与脏腑的联系。

利用脉诊进行诊断有很重要的意义。清末医家毛祥麟在《对山医话》中就记录了靠诊脉判断病人生死的案例。

当年毛祥麟为躲避兵乱回到老家，对面巷子有个姓吴的人早上起来扫地，忽然就仆倒在地，不能说话，过了一会儿才醒过来。他的家人请毛祥麟去看病的时候，这个病人还能坐起来和他交谈。毛医生为他诊脉，发现他的脉象急而且特别有力，认为这是肾气败绝的症状。毛医生判定这个病人当天晚上就会死亡，告诉他的家人准备后事，大家都不相信。可是第二天天还没亮，这个病人就死去了。

还有一个姓周的布商，生了一点小病，找毛医生来看病，毛医生告诉他，他的病不用吃药就能好，但是诊脉的时候发现心脉坚急，就告诉他说，这是痰湿阻

中医大家与中医著作

滞气道，气郁成火，火郁不散就会出现痈疽。当时这个病人颈后生了一串细疮，就像珠子串起来的一样。毛医生说："你现在虽然不觉得痛苦，但是一旦发作起来就会很严重，你一定要谨慎对待。"可是周某并不把它当成一回事，到了第二年春天，周某果然因颈后痈毒发作而死。

由此可见，作为一名医生，诊病必须要做到周到细致、用心体察，这样才能准确地把握病因。望、闻、问、切所得来的资料，经过整理分析以后，就可以为诊断提供最直接的依据，医生再根据对方、药的掌握和认识，一套治疗方案就出炉了。中医的诊断就是这样复杂、奇妙却又透着一点即透的简单。

神奇的医学典籍——《黄帝内经》

七、《黄帝内经》中的医学心理学

《内经》中讲"经脉流行不止，环周不休"，因此通过脉象的变化就可以推测出疾病的部位、性质等情况。《内经》中共记载了三种脉诊方法：三部九候法，人迎寸口对比诊法和寸口诊法。而当代医生主要采用寸口诊法，因为全身的气血情况都能反映在寸口脉上，故而寸口脉主要用来辨别全身脏腑气血的"有余"和"不足"。《黄帝内经》中详细论述了寸口脉的长、短、滑、涩、迟、数等数十种脉象的情况及临床意义，详细论述了寸口脉的划分部位与脏腑的联系。

利用脉诊进行诊断有很重要的意义。清末医家毛祥麟在《对山医话》中就记录了靠诊脉判断病人生死的案例。

当年毛祥麟为躲避兵乱回到老家，对面巷子有个姓吴的人早上起来扫地，忽然就仆倒在地，不能说话，过了一会儿才醒过来。他的家人请毛祥麟去看病的时候，这个病人还能坐起来和他交谈。毛医生为他诊脉，发现他的脉象急而且特别有力，认为这是肾气败绝的症状。毛医生判定这个病人当天晚上就会死亡，告诉他的家人准备后事，大家都不相信。可是第二天天还没亮，这个病人就死去了。

还有一个姓周的布商，生了一点小病，找毛医生来看病，毛医生告诉他，他的病不用吃药就能好，但是诊脉的时候发现心脉坚急，就告诉他说，这是痰湿阻滞气道，气郁成火，火郁不散就会出现痈疽。当时这个病人颈后生了一串细疮，就像珠子串起来的一样。毛医生说："你现在虽然不觉得痛苦，但是一旦发作起来就会很严重，你一定要谨慎对待。"可是周某并不把它当成一回事，到了第二年春天，周某果然因颈后痈毒发作而死。

由此可见，作为一名医生，诊病必须要做到周到细致、用心体察，这样才能准确地把握病因。望、闻、问、切所得来的资料，经过整理分析以后，就可以为诊断提供最直接的依据，医生再根据对方、药的掌握和认识，一套治疗方案就出炉了。中医的诊断就是这样复杂、奇妙却又透着一点即透的简单。

医学心理学的历史并不长，却记载着几位赫赫有名的人物：弗洛伊德、荣格等。然而，在弗洛伊德蜚声世界之前，两千多年前的中国，就已经有了很系统，又极具操作性的医学心理学表述。这个表述，就在《黄帝内经》中闪烁着智慧的光芒。

现代医学认为心理矛盾和冲突会造成躯体器官的损害，其外在表现为产生不良情绪。不良情绪是知觉分析和认识加工之间的不协调与内脏腺体活动相联系的结果，疾病则是不协调至极的反映。

显然，这一点与《黄帝内经》中的观点不谋而合。《黄帝内经》关于医学心理学的论述，涉及面广泛且具体。它对心理因素与人体生理、病理、诊断、治疗和预防的关系，作了精彩绝伦的总结，给人类留下了一份不可多得的宝贵财富。

《黄帝内经》认为健康的精神活动在防御疾病方面可以起到重大作用。在治疗方面，《黄帝内经》提出了许多体现中医心理治疗特点的方法，主要有：言语开导法、移精变气法、情绪刺激法、情志相胜法、气功行为治疗法、方药疗心病法、心理暗示疗法等。

（一）方药疗心病法

我们知道，人的意、志、思、虑等出自人的大脑。中医学认为，脑为髓海，

其根本却在肾，而脑的活动又有赖于心供给脑所需的血液与氧气。因此，肾与心对大脑产生的影响不言而喻，这正是《黄帝内经》论情志不离五脏的道理。

元代张子和在路过亳州的时候，遇见一个得了一种无缘无故大笑的"笑病"的妇女，已经病了半年左右了，请了很多医生都无法治愈。张子和看过以后，取成块的盐，用火烧过，放冷后研细，又拿来一大碗河水，将盐三两倒入水中一起煎熬，放温后给妇女喝下，接着用钗伸进妇女喉中，令她呕吐，吐出热痰五升。没过多久，妇女的笑便止住了。张子和说，《黄帝内经》指出：神有余则笑不休。所谓神，即心火，这位妇女的病就是心火太过而造成的。这碗盐汤刚好有清心火、解热毒的功效，祛除了热痰，病自然就好了。

又有一个妇女无缘无故地哭泣不止。有的人说她是中了鬼邪，于是家人画符祈祷，还请来了巫师作法，但是都没有效果。家人只好请许医生来治病。许医生说，《黄帝内经》说过，肺与悲相关。医圣张仲景的《金匮要略》中有一段话，说是妇人脏躁，悲伤哭泣，像有神灵作怪，甘麦大枣汤主之。张仲景的这个方子，以补脾而达到治肺的目的，即补土生金。补脾以调理肺，肺调理好了，妇人哭泣不止的病也就好了。

正常的心理活动有利于脏腑功能活动，对于防御疾病保持健康是有益的，可是一旦情绪波动过于剧烈、持久，势必会引起一系列的脏腑机能紊乱。《黄帝内经》指出：许多疾病，是因为情志失调而导致的。人的五脏是相互联系的，这种联系循着一定的规律和次序相互影响，一旦人的情绪异常，这种异常的情绪，可能打断五脏原有的和谐状态，导致人生病。

永宁的陈秀才，因打官司输了，一怒之下大口吐血，昏倒在地。这时正好齐秉慧路过此地，陈秀才的家人急忙请其来救治。病人的哥哥略懂一点医术，他问齐医生，用止血药可以吗？齐医生说不可，如果这时候强行止血，会引起气闷，病人会更加不安。病人的哥哥又问，用补血药可以吗？齐医生说不可，如果此时用补血药，会引起胸痛，病人会因疼痛而无法忍受。病人的哥哥说，补血也不行，止血也不行，敢问先生将用什么方法来治疗呢？齐医生说，病人是因为怒气伤肝，怒气结在胸中，才引起吐血的。治疗当用散血平气汤，以舒散肝木的郁气，这样病人才能痊愈。

（二）心理暗示疗法

《黄帝内经》的医学心理学理论，精妙而完善。它不仅从生理、病理上作了系统的论述，在治疗方面，也制定了行之有效并且易于操作的理论原则。这些原则，经后世医学家的继承而发扬光大，涌现了许许多多杰出的心理治疗大师。

元代卫德新的妻子，在一次旅途中住在一家客栈的楼上。当夜遇到盗贼抢劫，惊恐中卫妻坠落床下，吓昏过去。从此以后，卫妻每次听到什么响声便会惊恐不已，甚至昏厥不省人事。家里的人平时走路都轻手轻脚，生怕发出响声来，收拾碗筷的时候更是小心翼翼，生怕吓着夫人。一年多过去了，卫妻的病依然如故。医生们当做心病治，用了人参、珍珠等补益、镇惊的药都没有效果。后来家人请来了名医张子和。

张子和观察诊断后说，惊吓属于阳，是由外物刺激引起的，恐惧属于阴，是在内部自发产生的。人受惊吓，是自己无法预料的，因为是外界刺激，是突发的。而人感到恐惧，自己是知道原因的。于是，张子和让卫妻坐在一把高椅上，叫两个侍女分别握住她的双臂，在她的面前放了一张小茶几。张子和手持一个木块，在茶几前坐下，与卫妻面对面。

张子和对卫妻说，夫人看我这里！话音刚落，他猛然用木块敲击茶几，卫妻大吃一惊。张子和说，我用木块敲茶几，夫人何必惊慌呢？等卫妻稍稍平静下来，张子和又是猛击一下，这次卫妻受惊吓的程度比头一次减轻了许多。稍等片刻，张子和连续敲击茶几，又叫人用木杖敲门，同时，偷偷地突然击打卫妻身后的窗户。一通乱敲后，卫妻渐渐地适应了，惊恐也随之消失了。她笑了，问张子和这是为什么。张子和告诉她，《黄帝内经》说过，对受惊吓的人需要"平"，平就是平常的平，平常

之事，人们司空见惯，必定不会受到惊吓了。

　　类似这一类的医案还有很多，最神奇的莫过于情志相胜法。著名的《范进中举》一文中，就录入了范进的丈人用情志相胜法治好了范进因中举大喜而导致癫狂发病的精彩片段。

　　情志因素一直是《黄帝内经》中所关心的内容，人如果没有精神上的支持，没有战胜疾病的信心，仅以药物的治疗也是难以奏效的。正因为如此，平时我们就要注意保持情绪的稳定，不可大喜，不可大悲，不可大惊、大恐、思虑过多，这样，才能排除精神障碍，才能减少疾病的出现，才能更好地维持人体的健康状态。

八、《黄帝内经》中的养生观

我们日常所说的养生，目的无非只有一个，那就是长寿。长寿，是全人类共同的美好愿望。《黄帝内经》第一篇就谈到："上古之人，其知道者，法于阴阳，和于术数，饮食有节，起居有常，不妄作劳，故能形与神俱，而尽终其天年，度百岁乃去。"这就是说上古人之所以能年过百岁而不衰老，是因为他们懂得养生之道，饮食有节制，起居有规律，不多作操劳，所以形体和精神都能保养得很好，这样才能尽享天年。

《黄帝内经》确立的养生学说，为人们保养身心健康，祛病延年发挥了积极的作用。《黄帝内经》中具体的养生方法有：

（一） 调摄精神，修德养性

《黄帝内经》认为，人应保持良好的心态，重视精神情志的调养。人的精神活动与脏腑气血等功能密切相关，精神情志活动既是脏腑功能活动的体现，又可反作用于内脏气血，影响其功能。所以，良好的精神情志状态有利于脏腑气血保持正常。

若遇到突然、强烈、反复、持续的不良精神因素刺激，人就会因身体气机失调、气血紊乱、阴阳失和、脏腑功能失常而发生疾病。在疾病发展过程中，情志的不同影响又能使疾病缓解或者恶化。因此，调节精神情志就成为养生的第一要务了。

怎样调节精神情志呢？首先就要求人们做到"恬淡虚无"。"恬淡虚无"就是说人应当具有高尚的情操，保持乐观的情绪。思想上清净淡泊，无贪欲妄想，心情舒畅，精神愉快，这样就能使人体气机调畅，气血平和，正气旺盛，不生病或减少疾病的发生。

要保持良好的心态，与个人的文化修养、道德修养、世界观等有密切关系。我国古代许多思想家和名人贤哲均把养性和养德放在养生的重要位置，甚至看成是"养生之根"。

彭祖，是上古五帝中颛顼的玄孙。传说他经历了尧、舜、夏、商诸朝，到殷商末纣王时，已767岁，相传他活了八百多岁，是世上最懂养生之道、活得最长的人。

据说彭祖生性恬淡，不关心世俗名利，不追求虚名荣耀，只是专心致志地讲求养生长寿之道。他潜心研究师傅撰写的《九都》等养生的经书，融会贯通，学以致用。彭祖经常服用水桂、云母粉、麋角散，使得颜面长葆青春。他经常盘腿危坐，凝神屏气练功。从早晨坐到中午，调理气息，揉拭双目，摩挲身体，周身舒适后才起来行动。他脸无怒容，笑口常开，生病或疲劳时，他就运用气功祛病，消除疲劳。他使内气潜转，从头面，直到五脏六腑，最后达到四肢毛发，那气流像轻云一样在体内流转，既驱除疲劳又治愈疾病。

在《黄帝内经》的养生法则中，特别提出了情志的调和与修养是养生的关键。在精神的调摄上主张志闲而少欲，心安而不惧，淫欲不惑其心，情怀舒畅等怡情养性方法。七情是五脏之气产生的，七情违和极易伤气而导致气机之病理变化，"百病皆生于气也，怒则气上，喜则气缓，悲则气消，恐则气下，惊则气乱，思则气结"，而"怒伤肝，喜伤心，思伤脾，忧伤肺，恐伤肾"。

七情之中，尤忌暴怒和忧郁，大怒会使人气血逆行于上，使人昏厥；忧郁使人五脏六腑都受到伤害。历代实践证明，人的情志变化和精神状态常为疾病发生、发展、变化或好转的重要因素，临床上常见的暴怒狂喜引起心脑疾患突然加剧甚至猝死，如中风、心肌梗塞等。又如某些肿瘤患者，因极度恐惧忧愁而导致病情迅速恶化等皆属常见。

我国著名历史小说《三国演义》中有"三气周瑜"一节，讲述了诸葛亮利用计谋将对手周瑜置于死地的故事。周瑜三次被"气"后均大叫一声，由此可看出周瑜性格暴躁、情绪容易激动。诸葛亮正是利用了周瑜的这种性格和心理特点，一次又一次给他强烈刺激，最终促使周瑜心脏病发作而死亡，这说明过度的情绪波动会损害健康。

事实上，情绪是一个人的心理状态的外部反应，大体可分为两类：一类是积极向上的情绪，如兴奋、愉快、希望、勇敢、恬静、好感、和悦等；另一类是消极低落的情绪，如痛苦、惊慌、愤怒、忧郁、沮丧、不满、失望等。积极情绪能使人产生愉快轻松的感觉，鼓舞斗志，振奋精神，对健康有益；而消极情绪则会使人意志消沉，心灰意冷，对健康有害。因此，经常保持心情豁达、开朗，实为养生要诀。

（二）调节饮食，合理膳食

中国人常说"民以食为天"，人自呱呱坠地起，饮食就成为供给机体生长发育及脏腑功能活动的源泉。人在生命活动过程中，需要不断地吸收补充营养物质。人没有饮食，没有营养，便没有生命的延续。从古至今，中国在漫长的岁月中逐渐形成了自己独特的饮食习惯和饮食文化。

《黄帝内经》认为，享用合理的膳食，将谷肉果菜搭配得当，营养丰富而全面，就可维持和增进健康，减少疾病，延年益寿。而饮食失当，过饥、过饱、偏嗜、过恣腻、没有规律、不讲卫生、误食毒物等，最易影响健康，折损寿命。所以，《黄帝内经》着重提出调节饮食，谨和五味，合理配膳，饮食定时，饥饱适中，膳食卫生是维持健康的重要途径。

人体五脏六腑要维持正常的生理功能，均有赖于后天脾胃运化输布之水谷精气的不断补充。《黄帝内经》将饮食按五行学说分成酸、苦、甘、辛、咸五类并分属五脏。饮食五味入胃后，各归其所喜之脏腑，即"酸入肝，辛入肺，苦入心，咸入肾，甘入脾"，而"阴之所生，本在五味，是故和五味"。故《黄帝内经》根据饮食五味对人体生命活动的重要性提出了正确的营养观，应是以"五谷为养，五果为助，五畜为益，五菜为充，气味和而服之，以补精益气"。

《黄帝内经》着重提出了饮食养生之道——饮食有节，就是要有节制地去吃一些东西，不可过食、饱食。

饱食是导致中老年疾病的主要原因。首先，饱食可引起体内中性脂肪过多蓄积。众所周知，妨碍人们长寿的最大因素就是血管的老化，即动脉硬化。长期以来，为预防动脉硬化，营养学家一致认为应防止血液中的胆固醇过多。为达到这一目的，就应尽量少吃含胆固醇多的食物，如肉、蛋等。

然而，是否吃含胆固醇少的食物的人，就比吃含胆固醇多的食物的人患中老年疾病的机率少呢?

1970 年 9 月美国哈佛大学的研究人员发表了有关心血管疾病方面的极有价值的研究报告。报告指出：他们曾对爱尔兰的 575 人进行了长达 9 年的跟踪调查，结果发现，即使吃含胆固醇多的食物的人，如果适当增加运动量，将摄入的营养全部消耗，没有脂肪蓄积的话，动脉硬化的进展速度就没有那么快，心血管疾病的发病率也没有那么高。因此，长期饱食使体内饱和脂肪蓄积，是上述动脉硬化发生的主要原因之一。而不仅是食糖，即使米饭、面条等饮食，如果长期饱食，造成营养过剩的话，多余的营养也会转化为脂肪，加速动脉硬化。

第二次世界大战后，200 名被释囚徒的死亡就是个很典型的例子。第二次世界大战结束以后，在希特勒集中营里未被饥饿和酷刑折磨死的 200 名囚徒获得了自由，新政府为他们设宴庆祝。酒宴上，一盘盘大块精肉，一瓶瓶醇香美酒，使这些长时间不曾见过美食的获释囚徒欣喜若狂，个个开怀畅饮，可就在他们连连举杯共庆新生、醉饮饱食后的数小时，200 名被释囚徒竟不知不觉地陆续死去，无人幸免。后经医警协作，查清原因，竟是由于他们暴饮暴食高蛋白食物而导致氨中毒死亡。

有关研究还证明，在正常情况下，人体从肠道吸收的氨和氨基酸代谢生成的氨，可通过肝脏和肾脏得以解毒。但长期饥饿及肝病肾病者，肝脏解毒能力大大降低。当短时间内大量摄入高蛋白食物时，会使血氨剧增，大大超过肝、肾处理氨的能力，产生氨中毒，更严重的是血中大量堆积的氨会随血流入脑组织，毒害中枢神经，轻者引起昏迷，重则猝死。因此，调节饮食、合理进食对人们保持身体健康、远离疾病是十分必要的。

中医大家与中医著作

（三）起居有常，生活规律

《黄帝内经》非常重视起居作息的规律性，并要求人们顺应四时气候变化安排适宜的作息时间。故《黄帝内经》曰："上古之人，其知道者，法于阴阳……起居有常。"起居有常包括生活、工作、行立坐卧等诸多方面。比如起床、吃饭、上下班、睡眠、锻炼、学习、大小便等等，均应遵循并养成一定的规律性。因为起居规律化就能保证人体阴阳不受或少受各种不利因素的干扰，从而维持正常生理活动，增进健康。

起居有常，生活规律，是《黄帝内经》养生之道中一个重要的内容，只要人们根据自然界四时气候交替变化的规律按时作息，睡眠充足，生活有规律，衣着随季节气候的变化及时增减，以求得人体与生活环境保持和谐与统一，这对养生防病、延缓衰老、促进人体健康均具有积极的意义。

（四）劳逸结合，修整心身

适度而合理的体力劳动，可促使气血流畅，使肢节活动灵活，同时，科学而合理地用脑，可防止大脑衰退，从而调节机体功能，使人精力旺盛。

《黄帝内经》中明确要求要"行劳而不倦""不妄作劳"，要常小劳，但不要过度劳累，过劳就会损伤精、气、神、形，而致正气虚衰，减寿而多病。

适度而合理的休息，可使机体与大脑得以修整，保持充沛体力和旺盛的精力。但若过度安逸，如长期不活动、懒散不用脑、睡眠过多等，会使人体气血壅滞，体内代谢废物堆积，致使身体肥胖，产生各种疾病。因此，劳和逸均应适度。

所以《黄帝内经》中说"久视伤血，久卧伤气，久坐伤肉，久立伤骨，久行伤筋"，明确指出了过劳的危害。坚持经常、适量的劳作或健身运动，能使气机调畅，血脉疏通，关节滑利，

筋骨强健。而适当的休息，则能使人的体力得以恢复，神气复元，心神专一，意识集中。如果劳欲太过，就会伤脏耗气，损健康，减短寿命。因此，一定要依据其体力、习俗、环境等情况，量力而行地进行一些劳作或运动，既不可过劳，也不可过逸，有劳有逸，劳逸结合，方可健体长寿。

（五）适应自然，顺时养生

《黄帝内经》认为，人生存于天地之间，自然界存在着人类赖以生存的必要条件。自然界的运动变化又直接或间接地影响着人体，而机体也相应地产生生理和病理上的反应。自然界阴阳变化与人体脏腑活动是相通的，所以人与自然息息相关。

《黄帝内经》中的天人相应是中医顺应自然，顺时养生的理论依据。顺应自然就是要掌握自然变化的客观规律，适应其变化。人体有适应外界气候环境变化的生理调节能力。所以，一般来讲，气候环境的正常变化不会造成疾病，只有在气候环境发生突变，且其恶劣程度超越人体适应能力或人体适应自然的能力低下时，才会导致疾病的发生。

人们适应自然的能力是不尽相同的，健康人适应能力强，而体弱多病者适应能力就差；青壮年适应能力强，中老年人适应能力就差；经常运动锻炼的人适应能力强，很少运动锻炼的人适应能力就差。因此，通过锻炼、调摄等途径，积极主动地与大自然接触，不断提高人体适应自然环境的能力，是避免不良气候因素伤害机体，保证健康长寿的重要条件。

在长期的生产实践和医疗实践中，古人观察到自然界四时气候的变化具有一定的规律性，一年四季的气候特点是春温春生，夏热夏长，秋凉秋收，冬寒冬藏。但是它们又是一个不可分割的整体，是一个连续变化的过程。没有生长，就无所谓收藏，也就没有第二年的再生长。正因为有了寒热温凉、生长收藏的消长进退变化，才有了生命的正常发育和成长。

《黄帝内经》十分重视四时变化对人体的影响，认为春夏秋冬四季更替、

中
医
大
家
与
中
医
著
作

寒暑变化是自然界阴阳此消彼长的运动过程所致，人体脏腑的生理活动和病理变化，不可避免地要受到自然界四时寒暑阴阳消长的影响。在正常生理状况下，人与自然界时辰季节变化具有同步的相应性变化，人体生理功能随着天地四时之气的运动变化而进行着自然调节，如"春生、夏长、秋收、冬藏，是气之常也，人亦应之"。

《黄帝内经》认为人与自然界是一个统一的整体。自然界阴阳消长的运动，气候和环境的变化，都必然会影响人体阴阳之气的盛衰。如气候有春温夏热秋凉冬寒的变化，人体脉象就出现春弦夏洪秋毛冬石与之相对应，人身之阳气也随昼夜而变化。因此，人们要达到预防疾病、保持健康、延年益寿的目的，就必须主动地适应外界的生活环境，顺应自然界寒暑交替的变化规律。

一年四季的阴阳，是万物生长和收藏的根本，所以圣人春夏养阳，即春夏保养心和肝；秋冬养阴，即在秋冬季节保养肺和肾。遵循顺从阴阳这个根本规律，便可以与万物一起生长在大自然之中。如果违背这个规律，就会伤害生命，损坏身体。四季的阴阳，是万物的开始和终结，是生与死的本源。违背它则发生灾祸，遵循它则疾病不生，这就是养生之道。

元代王侍郎的女婿，25岁，因为公事太多而忧思烦恼，再加上饮食不节制而生了病。他时发燥热、困倦、盗汗，汗水湿透了内衣，没有食欲，呼吸不畅，面色发青发黄，没有光泽。罗谦甫医生前来诊视，他告诉王侍郎夫妇：他这是病危的症状，虽然通过治疗能够暂时缓解，但还不能从根本上解决问题，到春天必死无疑。王夫人听到后不以为然，随之另请了医生，不料到了正月开春，病人果然因燥热而死。

王侍郎前去请教罗医生。他说：我的女婿果真像您预言的那样，我想听听其中的道理。罗医生说，这不难理解，《黄帝内经》早有说明，冬三月，人人都惧怕寒冷，而您的女婿却燥热盗汗，这样，他的阳气就不能内守，寒冷的季节尚不能克制住他的燥热，药又能有什么用呢？冬天属于封藏的季节，人的阳气应该好好保护，到了开春的时候，就会像春雷一样发动，使身体如同大自然万物一样，生机勃勃。

如果冬天人的阳气没有保养好，不能固守在体内，到了春天生长的季节，就不能生阳保全身体，这样灾难就要降临。人的身体与大自然是相应的，冬季，万物都封藏起来，人体内的阳气也是如此，您的女婿在封藏季节出汗不止，阳气外泄，使得肾水干涸，到了春天以什么来生发助长肝气呢？阳气都已经断绝，还用什么来滋养身体呢？所以，《黄帝内经》告诫人们在春夏之季要注意摄养阳气以与自然之气相适应，在秋冬之季要注意保育阴精与自然收藏之气相适应。

人类只有主动地适应四季变化规律，才能保持机体内环境的稳定性，避免不适和疾病的发生，才能达到养生防病、健康长寿的目的。

（六）运动锻炼，利节舒筋

常言生命在于运动，经常运动锻炼，能够增强体质，提高抗病能力，使人健康长寿。《黄帝内经》非常重视运动锻炼对人体健康所起的积极作用。

锻炼可不拘形式，因人而宜，只要能活动筋骨、舒展肢节、促进气血流通、关节滑利，就可以增强抗病能力，防止或减少疾病的发生。

吐纳，是以调整呼吸为主的一种养生法；导引则以摇肢节、动筋骨为主。人们通过吐纳导引等方法以调理气机，疏通经络，运行气血，使人体阴阳经过调整处于阴平阳秘的平衡状态之下。这是一种调理气息、畅通气机的养生法，深受历代养生家推崇。后世很多吐纳导引术，如孙思邈的"调息法"、华佗的"五禽戏"，以及后来不断发展、普及的太极拳、练功十八法、气功等，都是在《黄帝内经》经络学说、吐纳导引术等理论指导下创造、发展的养生良法。

需要注意的是，人们在做各项运动时，要根据壮、弱、老、少、男、女等不同情况，量力而行，不可运动过度，否则就会适得其反。如此下来，只要持之以恒，终身行之，则气调血养，百病祛除，自然能达到养生防病、延年益寿之目的。

（七）有病治病，未病先防

《黄帝内经》有云："虚邪贼风，避之有时。"意思就是说对于自然界的异常气候变化及传染病等外来邪气要适时躲避，如躲避酷暑、严寒、传染病流行区等。另外对于外伤、虫兽伤等也要在日常生活中留心防范，要讲究卫生，把住病从口入关。因为防止病邪对机体的侵害，是保证机体健康的重要因素。

《黄帝内经》认为，最高明的医生并不是在疾病成形后能一举攻治的医生，而是那些在疾病尚未出现就能进行有效预防的医生。

我国在几千年前就已经开始用中草药来预防疾病了。在 16 世纪，我国就发明了人痘接种术来预防天花，成为世界免疫学的先驱。应用苍术、雄黄、艾叶等烟熏以预防疾病也有悠久的历史。近年来应用板蓝根、大青叶预防流感、腮腺炎，用马齿苋预防痢疾等多种疾病均收到了很好的效果。

不可否认，《黄帝内经》的养生方法是防病、健体、长寿的法宝，具有重要而现实的指导意义。在当今社会快速发展、生活节奏明显加快的情况下，我们应当认真领会和实践其精髓，强健体魄，以更饱满旺盛的精力去完成历史赋予的重任，为中华民族的振兴作出新的贡献。

神奇的医学典籍——《黄帝内经》

191

九、医学气象学——运气学说

我们的祖先，曾经长久地观察刮风、下雨、严寒、炎热、干燥、潮湿这些自然界中最为常见的气象现象，然后细致入微地研究它们与人体生命活动的关系，终于认识到气象对人体产生了怎样的影响。由此诞生了运气学说。

运气学说是《黄帝内经》中至关重要的一部分。它是探讨自然界天象、气象变化规律与人群疾病发生及流行的关系的一门学问。是我国古代研究自然气候变化规律及气候变化对生物、对人体生命影响的一门学说，是关系到天文学、气象学、生物学、物候学、历法学、医学等多学科领域的一门科学。

《黄帝内经》运用运气学说，总结了先人的经验，把气象与人的生理、病理、诊断、治疗、预防等各个方面结合起来，在两千五百年前便形成了一套完整精辟的医学气象学理论。而这个理论，在西方只是刚刚兴起的一门学科。

运气学说以自然界的气候变化，以及生物体(包括人体)对这些变化所产生的相应反应作为基础，把自然气候现象和生物的生命现象统一起来，把自然气候变化和人体发病规律、治疗用药规律统一起来，从宇宙节律上来探讨气候变化对人体健康的影响。

春温、夏热、秋凉、冬寒，这是大自然一年四季气候变化的规律，而生活在这个大自然中的每一个人，都不可避免地会受到这种气候变化的影响。《黄帝内经》指出：气象因素与人体生理活动关系密切，四季气候的变化，影响人体血脉之气的运行。

《黄帝内经》通过分析气候变化对江水的影响，形象生动地描述了气候与人体的关系。就是说，天气温暖，江水平静；天寒地冻，江水凝结成冰；天气酷热，江水沸沸扬扬；如果暴风猝起，则波涛汹涌。若是表现在人的气血活动上，则天热气血畅通，天寒气血运行缓慢。

人的五脏也是与四季相应的。《黄帝内经》指出心与夏气相应，肺与秋气相应，肾与冬气相应，肝与春气相应，脾与长夏相应。由此，东风生于春，病在肝，呈现在颈项；南风生于夏，病在心，表现在胸胁；西风生于秋，病在肺，表现于肩背；北风生于冬，病在肾，表现在腰股；中央为土，病在脾，表现在脊背。

人体各种疾病的变化都是与自然变化相呼应的。比如老年慢性气管炎，一般都是阳虚的征象，到了夏天他就会感觉舒服一点，人身上也会觉得有劲，咳嗽、气喘都能减轻一些。而到了冬天，即使没有感冒，也会觉得全身酸软无力，咳嗽、气喘也更厉害了。这是什么原因呢？按中医理论讲，春夏是属阳的，秋冬属阴。春夏的阳气比较充盛，可以补偿老年患者的阳气，所以病人会觉得舒服一些。一到冬天，阴气更盛，咳喘的病情就会加重。

另外，异常的气候，也是导致疾病的重要原因之一。《黄帝内经》中提出"六气"，"六气"是自然界的正常气候变化现象，它是风、寒、暑、湿、燥、火。在正常情况下，"六气"有利于自然万物的生长，不是致病因素。但一旦"六气"发生"太过"或"不及"，或是不该出现的时候出现，就成了致病因素"六淫"，亦称"六邪"。

以湿为例，《黄帝内经》指出：人体由于湿邪侵犯，导致体内之气上蒸，头面就像被什么东西裹住一样。根据记载，1985年，山东济南市发生了"流行性乙型脑炎"。患者的共同症状是突发高烧40℃左右、头痛、呕吐、抽搐、嗜睡、昏迷、烦躁、头颈部发硬、四肢痉挛等等。中医诊断属湿温，而热重于湿。中医们大力展开施救工作，根据病情，采取不同的治疗方案，患者先后痊愈，无一例死亡。

在突发的大规模的流行病面前，我们看到了以《黄帝内经》为纲领的中医学所显示出来的巨大威力。它指导我们在为病人治病的时候，必须参考大自然以及四季的气象规律。它更根据自然界的变化提出了用药的基本原则，就是在冬季不宜用大寒的药物，秋季不宜用凉性药物，夏季不宜用热性药物，春季不宜用温性药物。一旦违背这个原则，就有误治的可能。

现代医学研究表明，一些药物的作用、毒性与气候变化关系密切。比如洋地黄在暴风雨和气压下降时服用，其毒性反应就会增加；山莨菪碱在夏季服用易引起中暑；降压药在春夏的降压效果优于秋冬；利尿药的作用在夏季则降低等等。

我们可以找一个医案来加深一下理解。在我国农历六月，正是阴雨绵绵的时节，人们特别易患湿温病。元代有一个人叫韩君祥，就在这样一个时节，因为劳累过度，口渴时喝了很多凉茶，又吃了凉食，就发病了。他感觉头痛、四肢疼痛、身体沉重、胸口闷，不想吃东西。他认为这是外感病，就自己弄了一些药吃了，结果吃药后病越来越严重。家人为他请来一位医生，这位医生给病人服下"百解散"发汗。过了四天，又给病人喝下小柴胡汤，不料，病人更加烦躁，感觉口渴。又过了六天，医生针对以上的现象给他开了承气汤之类的药物，结果病人燥渴更加严重。医生又继续用白虎加人参之类的药，病人吃下以后，全身发黄，下肢沉重，背部发寒，身体发冷，胸口下方堵塞，手按则痛，眼睛发涩，不想睁开，懒得说话，不停地出汗，大便急迫。家人一看病情危重，就请来名医罗谦甫。

罗谦甫诊后认为，这个病人是由于天气热，喝多了凉东西，再加上服用过多寒凉药物才导致病情如此危重的。他说，《黄帝内经》中有这样的论述：对体内有寒的病，应该以甘热药治疗为主，再用苦辛的药作为辅助治疗；对湿病，则用苦热的药。在五行中，苦属火属燥，燥可以克湿。这是一个比较典型的医学气象学病例。罗谦甫依据《黄帝内经》的用药原则给病人用药，药到病除。

《黄帝内经》对于五运六气，对气候、物候变化，有很多具体的描述。正是这些描述，为我们阐明了在什么样的气候下，人体会发生什么样的变化，容易出现什么疾病，出现这样的疾病，应该按照什么原则来治疗，环环相扣。因此，历史上也有很多医学家都特别指出：运气对于人类防病治病起到了非常重大的作用。

已故著名老中医蒲辅周，生前运用运气学说，在临床上取得了显著的疗效，并成为医林佳话。1954年，成都暑天却大雨连绵，时近立秋，小儿患麻疹而疹隐伏不透、高热不退，宣透无功，医生们束手无策。蒲老根据当时气候分析，暑季多雨，热从湿化，按湿温法通阳祛湿，疹毒豁然而出，热退而神清，小患者们都痊愈了。

上海著名老中医董廷瑶先生，于1958年麻疹流行时，根据岁气而制的方法，取得了很好的疗效。当年农历十一月起麻疹流行，而气候比往年寒冷，十二月连日大雪，麻疹发而不透，每见患儿疹点黯淡，面色青黯，很快疹点消失而体温更高，并且合并了肺炎，往往来不及治疗，死亡率高达百分之十以上。董廷瑶先生根据岁气分析，认为寒则血泣，导致疹不能外透，毒向内陷。而麻疹若要透发，一定要经过血分，只有血液流通才能使气运行，气行则血活，毒邪外泄，病就会好了。于是就采用了王清任的解毒活血汤来治疗，死亡率下降为零。

中医运气学说是中医药学的重要理论基础和思想渊源，几千年来始终指导着各家学派的临床实践，尤其在传染性、流行性疾病的预测、预防和治疗的历史上发挥了重大的作用，在中医临床实践中，具有非常重要的指导作用，在对未来疾病的预防上也同样具有重要的参考价值。

十、大医承业

《黄帝内经》在整体观、经络学、脏象学、病因病机学、养生和预防医学以及诊断治疗原则等各方面，都为中医学奠定了理论基础，它对后世的影响是不言而喻的。它像是一盏明灯，在漫长的历史进程中，照亮了中医学发展的方向。历代医家在理论和实践方面的创新和建树，大多与《黄帝内经》有着密切的关系。它得到所有学医人的敬重，在它的指导下，涌现出众多著名的医学大师，在历史的天空中闪耀着光芒，在古老的华夏五千年文明里无限地传承着中华医道。

（一）医圣张仲景

张仲景是我国东汉时期的著名医家，他刻苦钻研前人的《黄帝内经》《八十一难》《阴阳大论》等医著，又结合自己的临床经验，写成了流传千古的《伤寒杂病论》，确立了中医学辨证论治体系。在这部著作的序言中，张仲景明确说明这本书的写作理论基础、指导思想都来源于《黄帝内经》。

张仲景的诊疗技术非常高超，治愈了无数患者。他高明的医术和高尚的医德在史料中早有记载，在民间更是留下了大量的传说。

在明代《医史》中就记有这样一个故事：东汉著名的建安七子之一王粲，是一位才华横溢、样貌俊秀的人。他官居侍中，整日跟随皇帝出入宫廷，才子的地位和皇帝的赏识都让他有些飘飘然。有一天，张仲景遇见王粲，一眼就看出他体内有病，便对他说，你到了40岁的时候眉毛胡子都会脱落，半年以后必死。如果现在服用五石汤，到那时基本可以免遭病灾。当时王粲年仅20岁，听了张仲景的话不以为然，甚至有些厌恶，他认为张仲景在故弄玄虚。虽然他表面接受了药方，却不屑服用。几天以后，张王二人再次相遇，王粲假装服了药，说，五石汤我已经喝了，张仲景摇头说："看你的气色不是服过药的样子，你为什么这样轻视生命，自欺欺人呢？"王粲听后更是厌恶，不再接受张仲景的劝告。过了 20 年，一切都如张仲景所说的那样，王粲果然发病，胡子眉毛全部掉光，过了 187 天后便真的去世了。

中医学如此神奇，就像史料记载的很多故事那样，优秀的医生不仅可以预见疾病的吉凶，诊出生死，甚至可以确定患者死亡的时间。这并不是杜撰，应用中医学的理论研究人的生理、病理情况，再结合自然界的变化，即可推求这一切。我们经常把常人不容易做到的结果归为神奇，确实，预见生死、确定何时死亡不是一件容易的事，如果不是医术精湛、经验丰富、胸有成竹，又怎么可能做出这样的定论呢？能做到这一程度的又有几人呢？事实证明，张仲景就是这样的人。

张仲景晚年在南阳一带，一边为群众治病，一边在家写书。他去世后，人们为了纪念他，修建了医圣祠，供有他的塑像。而《伤寒杂病论》一书经众多中外学者的研究、整理，很早就流传到海外，受到国外医学界的推崇，朝鲜、越南、新加坡、蒙古等国的医学发展也都不同程度受到其影响及推动。

（二）神医华佗

《黄帝内经》成书后，不仅有效地指导着后世医家的临床实践，而且奠定了中医各科的理论基础。在《黄帝内经》的指导下，涌现了众多著名的医学大师，在外科方面，华佗便是杰出的代表。

华佗，字元化，是沛国谯人。他年轻的时候，到徐州一带访师学医，学成后，他行医四方，足迹遍及安徽、江苏、山东、河南一带，留下了大量治病救人的故事。

有一个妇人，患寒热病多年，为了治愈她，华佗采用了非常特别的治疗方法。在冬日的一个早晨，他让病人坐在石槽中，用冷水灌淋身体，灌了七十次，病人冻得全身发抖，她的家人害怕发生意外，要求停止。华佗不同意，等到灌第八十次时，患者身上冒出热气，足有两

神奇的医学典籍——《黄帝内经》

199

三尺高。直到灌满百次，然后用火温床，让病人躺下，盖上厚被子，不久汗出病愈。

又有一位太守生病，将华佗找来看病，华佗认为他只要大怒就会不治而愈，于是就要了很多的钱财却并不给这位太守治疗，临走还留封信将他大骂一通。这位太守果然大怒，派人前去捉拿华佗。太守的儿子知道华佗采用什么方法为父亲治疗，就阻止了前去捉拿的人。没有捉到华佗，太守非常愤怒，吐了数升黑血，病竟然好了。

华佗治病的方法实在太多，并且不按牌理出牌，但仍有一定的规律可循。他尤以高超的外科手术名扬天下，他所发明的"麻沸散"更是举世闻名。当华佗成功地运用麻沸散对病人进行腹部手术时，世界其他国家的麻醉术还处在摸索阶段。

华佗对养生和预防保健非常重视，他自创了"五禽戏"，并教给弟子吴普，吴普时常练习，到了九十多岁，仍然眼不花耳不聋。他的另一位弟子樊阿遵照老师的养生法，活到了一百多岁。如果不是曹操杀害了他，按照他本人的养生方法，华佗也许会是中国历史上最长寿的人。

曹操之所以要对华佗下毒手，无非是因为华佗要打开他的头颅，取出病理物质，以此来治疗他的头风病。可是，曹操却认为华佗有心要取他的命，如果把头打开了，那还能活吗？毕竟两千多年前的人对医疗水平的认识还达不到现在的程度。曹操是一个多疑的人，也许他又想起了华佗为关羽刮骨疗伤的事，谁知道华佗的政治倾向如何，谁又能保证他绝无二心？华佗是那么有名的医生，本以为把他放在身边，自己的身体才会有保障，可是他又不愿意只侍候自己，竟一去不返，多次相召，竟拒绝回来，这样的人，绝不能留。思及此事，曹操一怒之下将华佗送往许昌监狱。

在狱中，华佗知道曹操不会放过他，于是夜以继日地整理了三卷书稿——《青囊经》，希望把自己的医术传下去。可惜的是，管理他的牢头把书稿拿回去，却被家中的婆娘投入了火灶，只抢下一卷，却是医治兽病的。

这件事一直让中医界深感遗憾，如果那部《青囊经》可以传世，必将推进中国医学发展一大步，这是我国医学界无法弥补的损失。但华佗的精神仍在，

中医大家与中医著作

他的事迹告诉我们，早在两千多年前我国的外科就已经具备较高的手术水平，而人类的文明应该是循环往复地持续发展，那个时期的手术水平我们现在无法解释，但足以证明，我们的祖先是优秀的，他们创造了一个又一个奇迹，尽管在历史发展的进程中会有所遗失，但最终，我们还会找到当初的痕迹，重新继承并继续创造新的奇迹。

（三）药王孙思邈

孙思邈，是隋唐时期著名的医生，是中国医药界最长寿的一位医药学家，有人说他活了 104 岁，也有人说他活了一百四十多岁，他享年多少，我们至今无从考证，但他医术高明、学识渊博，确是人所共知。他是一位具有仁爱之心的高尚的医生，深受百姓的爱戴，被后世盛誉为"药王"。

孙思邈熟读经史、博极医源，根据对《黄帝内经》的理解，对其进行补充发挥，在晚年的时候写下了名垂千古的医学巨著——《千金要方》《千金翼方》。在这两部著作中，他把《黄帝内经》有关养生的论述全篇引用，然后再发表自己的一些看法。

孙思邈在医学上有很高的造诣，为很多百姓治病都多有效验，慢慢地，他的名气越来越大。在唐朝贞观年间，长孙皇后难产，宫里太医都束手无策，于是唐太宗在民间大访名医。后来朝臣推荐孙思邈为皇后治病，孙思邈不负众望，只用一针就令皇后平安地诞下龙子，唐太宗龙颜大悦，赐他到宫中做官，却被孙思邈婉拒，他的志向在山林，目的只有一个——治病救人。

孙思邈一生大部分时间都生活在山区，他行医不惧高山险阻，不分昼夜，只要有病人召唤，他就会身背药箱送医上门，除了给人看病，传说他也会去给动物治疗。

相传有一天孙思邈上山采药，遇到一只老虎趴在路中，阻住道路。老虎眼有泪光，不停地呻吟着。孙思邈到近前才发现老虎是被一根兽骨卡住了喉咙，他就用铁环撑开老虎的嘴，伸手从老虎的喉中取出了那根骨头。老虎得救感恩不尽，

为其看守杏林。每逢孙思邈外出时，老虎就驮着他翻山越岭地寻药、采药，或送他到百姓家里送药治病。

虽然孙思邈整日出诊，但毕竟时间有限，需要他治疗的人太多了，很多病人因得不到及时的救治而失去了生命。为了让百姓能更便捷地得到有效的治疗，他请工匠把自己治病的药方刻在一个八角的柱形碑上，然后把它竖立在五台山下漆河边的大路旁，让过往的行人传抄这些药方。大家把抄回去的药方拿来治病，果然得到了非常好的效果。当地的群众把这块石碑视若珍宝，称它为"石大医"。可是，许多年后，从外地来了一个庸医，他为了独占药方，竟在抄录之后，把"石大医"上的药方全部凿掉了。

"石大医"虽然被毁了，但百姓们不忘孙思邈的恩情，将他当做"药王菩萨"供奉。千百年来，"药王庙"香火不断，百姓在这里祭拜他、怀念他。孙思邈现已离去千年，但他对百姓的关爱始终留在世间，与天地长存。

（四）李时珍

李时珍是明代著名的医药学家，也是动植物学家，更可称得上是当时声名大噪的科学家。他所编著的《本草纲目》不仅在药物学方面有巨大成就，在化学、地质、天文等方面都有突出贡献。

李时珍的祖父和父亲都是医生，在这样的家庭环境影响下，他从小就对医药事业产生了浓厚的兴趣。他24岁开始学医，白天跟随父亲行医，到了晚上，就在油灯下研读《黄帝内经》《本草经》《伤寒论》《脉经》等古典医学著作。

李时珍的读书精神是令人钦佩的，他读书十年，足不出户，终于无所不通。李时珍非常注重临床实践，加上他父亲的指导帮助，很快就成为远近闻名的医生。由于他自幼就接近劳动人民，了解民间疾苦，所以他给许多穷人看病，从不收医药费。人们非常敬重他，称他为"东璧先生"。

明嘉靖三十年，李时珍33岁。他治愈了皇族楚王儿子的病，楚王为了表达谢意，就任命他做楚王府"奉祠正"，主管祭祀礼节方面的事情，还兼管"良医所"的工作。过了几年，楚王又把李时珍推荐到北京的太医院去任职，做"太医院判"。不久，由于封建统治者只想炼丹求仙，长生不老，无意于发展医药事业，而太医院的医官们又大多只知道讨好皇帝，不务真知实学，李时珍觉得这样下去，他多年来渴望从事医药工作的理想不能实现，就毅然托病辞职，仍回故乡行医。

他在武昌和北京任职期间，虽然工作上得不到支持，却有机会阅读了许多历代珍贵的医药书籍，辨认了不少民间难得看见的稀有药材或道地药材。这对于他以后行医事业的开展和成果的取得，显然起到了相当大的促进作用。

通过多年的临床实践，李时珍懂得，作为一名医生，不仅要懂医理，也要懂药理。如果把药物的形态和性能弄错了，就会闹出人命来。李时珍仔细阅读了前人所作的本草类著作，他发现古代的本草书存在不少问题。首先在药物分类上"草木不分，虫鱼互混"。比如，"生姜"和"薯蓣"应列菜部，古代的本草书列入草部；"蒌蕤"与"女萎"，本是两种药材，而有的本草书说成是一种；"兰花"只能供观赏，不能入药用，而有的本草书将"兰花"当做药用的"兰草"；更严重的是，有的本草书竟将有毒的"钩藤"当做补益的"黄精"。李时珍认为古代本草书上那么多的错误，主要是对药物缺乏实地调查的结果。另外，自宋代以来，我国的药物学有很大发展，尤其随着中外文化交流的频繁，外来药物不断地增加，但均未载入本草书册。李时珍认为有必要在以前本草书的基础上进行修改和补充。这时，李时珍35岁。

而《本草纲目》完书时，李时珍已61岁。这是一部集明代以前药物学大成的巨著，也是一部"有所发现，有所发明，有所创造，有所前进"的巨著。这部著作不仅对中医药学具有极大贡献，对世界自然科学的发展也起到了巨大的推动作用，被誉为"东方医药巨典"；达尔文称赞它是"中国古代的百科全书"。它先后被译成日文、拉丁文、德文、法文、英文、俄文等文字，成为国际医学界的重要文献之一。

神奇的医学典籍——《黄帝内经》

中医大家与中医著作